U0008612

全省33家超人氣必拜財神廟開運指南

日日見財

作　者／日日見財編輯室

作者序

請隨我們踏上台灣神明的驚奇之旅

三步一神，五步一廟，台灣大城小鎮廟宇之多，令人嘖舌！在這擁有眾神加持的國度，人們各自追求心靈寄託，祈望神明庇佑。

但是，「錢在天上飛，人在地上追」，在不景氣的年代，如何獲得財神青睞，讓自己工作順利，事業興旺？於是我們於是上窮碧落下黃泉，四方探詢挖掘各地最具代表性的財神廟，窮數月光陰全省趴趴走，一一到訪，親臨感受，展開一場驚嘆連連、無比神奇的台灣廟宇深度之旅，更深覺民間信仰學問大！

原來，不是廟小路遙，神明就不威；也不是隨意拜拜，就得獲得庇佑！每間宮廟神明饒富特色，有的神威顯赫、莊嚴宏偉，有的金光閃閃、瑞氣千條，有的則是外在樸實、信眾仍不絕於途……

本書不但為讀者細數台灣宗教文化中各路財神典故由來，也介紹了敬祀財神的方法、祛窮進財的法門，並精選、再精選出台灣北、中、南、及花東必拜的33家廟宇，包括作為地方信仰中心、當地香火鼎盛的財神廟，還有雖然不算是財神廟，卻是企業家、名人、或科技業者最鍾愛、常常去參拜的廟宇，希望

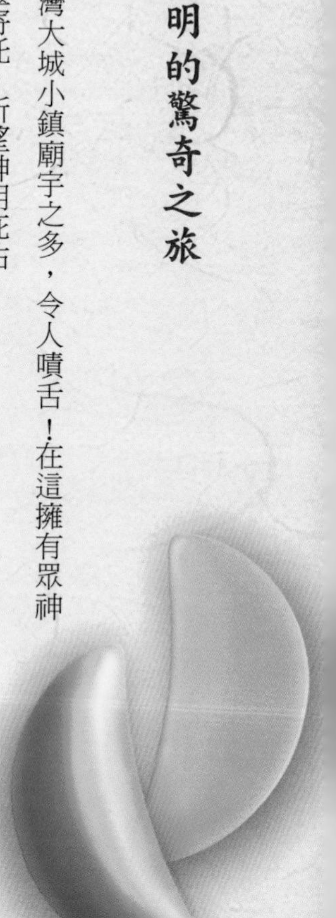

讀者就近就能找到財神廟，禮敬財神拜財神。

雖然每間財神廟各有千秋，有些廟宇歷史悠久，有些廟宇則法門萬千。但只要是懷著誠心正意，不行奸邪之事，在禮敬財神後，一定會得到財神庇佑。行善事，結善願，得福財，是本書希望宣揚的宗旨，也是諸多財神廟奉行的志業。

基於網路資訊多有錯誤，我們提供了各個財神廟的正確地址及聯絡方式，希望幫助讀者們能更方便的求財開運！雖然在參訪的過程中，幾次遇到GPS失靈，導引我們的團隊走到田中央；也遇過原定介紹的廟宇已不存在；但編輯團隊仍然付出最大努力，希望大家喜歡這本書。

我們相信，無論是為了滿足對民俗文化的研究興趣，或是單純想要求財開運，這本書都能滿足你的需求，絕對不能錯過！

最後感謝各廟在過程中的熱情協助、大力支持，感謝團隊的共同努力！期盼新的一年，大家平安喜樂，財源滾滾來！各個大宮小廟，香火興旺，繼續護佑我們寶島台灣！

目錄

第一章

所謂的財神有哪些？

民間「財神」有分為哪些類型，
祂們又是如何成為人們信仰的財神呢？

文財神 范蠡財神

范蠡，字少伯，是春秋時楚國宛邑人，但范蠡並沒有在楚國任官，而是在越國出仕，與文種並稱越王句踐的左膀右臂。周景王二十六年，句踐在夫椒被吳王夫差擊敗，殘軍退入國都會稽，被吳國軍隊層層包圍，眼見要亡國。范蠡建議句踐求降吳國，若吳國堅不受降，就乞求吳王允許自己到吳國當人質，以求越國國祀延續。句踐接受了范蠡的計策，在吳國當了夫差三年的僕人才被夫差釋放，回到越國。

句踐回國後，重用范蠡、文種等人，「十年生聚、十年教訓」，致力於富國強兵，終於擊敗吳國，攻入吳國國都姑蘇，吳王夫差自殺。句踐滅亡吳國後，強大的越國甚至北上徐州會盟諸侯，被周元王承認為當時霸主。

名臣急流勇退成巨富

《史記》中記載，越國雪恥滅吳後，范蠡感慨道：「計然之策七條，越國只用了五條就達成了願望，既然這個策略能治理一國，那我應該要用來治家。」於是范蠡急流勇退，改名為「鴟夷子皮。」他離開越國後，先到了齊國海邊墾荒耕作，兼營商業，沒有多久就成巨富，但又散盡家財資助貧困親友，全家遷移到陶地（現在山東定陶地區），稱為朱公，又稱陶朱公。

陶朱公在陶地經營了十九年，賺得巨萬家財後，又散盡資產資助貧困親友，如此一共三次。據《史記》貨殖列傳記載：「十九年之中三致千金，再分散與貧交疏昆弟。」在此之後，只要說到有錢人，人人都稱頌陶朱公為首富。

范蠡善於經營錢財，又能將賺來的金錢分享給鄉鄰故舊，取之於社會，用之於社會，所以太史公稱讚他「此所謂富好行其德者也。」（君子富有了，就能去做仁德之事了）。世人稱譽他：「忠以為國，智以保身，商以致富。」後人也把很多關於商業經營的觀念整理成策，借託陶朱公之名，稱為「陶朱公商訓。」

由於這樣的正面形象與傳奇的故事，後世把范蠡稱為「商聖」，為文財神之一，受眾人敬拜，亦稱「陶朱財神。」

文財神范蠡

文財神　比干財神

比干，姓子，名干，商朝時沫邑人，因其封地在比（今天山西汾陽地區），所以又稱「比干。」比干是殷商時期最後一個君王「紂王」的叔父，官拜少師，為紂王的宰相之一，有史上第一忠臣之說。在以後的道教信仰中，尊奉比干為「文曲守財藏真福祿真君」，簡稱「守財真君」、「文財真君」、「財祿真君」等，於是比干被後世稱為文財神之首，相當具故事性。

據《史記》殷本紀記載，紂王淫亂不止，紂王的哥哥微子啟履次勸諫不聽，於是跟少師宰相比干商量。比干說：「為人臣者，不得不以死諫。」（當臣子的，只能以死進諫），於是在朝廷上強行勸諫紂王，紂王大怒：「你是聖人啊，我聽說聖人的心有七個孔竅，那麼讓我驗證一下吧！」於是紂王殺了比干，把心挖出。武王伐紂成功後，因感佩比干忠義，曾重修比干大墓，並封為「壟神。」這個典故，成為後世小說《封神演義》中「比干剖心」的由來。

明清之際，因為《封神演義》故事的傳衍，正史與小說中的人物形象，在民間融合後流傳，進而轉化成神。在比干神格化的過程中，有一個很關鍵的故事：

文財神比干

商朝紂王被九尾狐狸精化身的妲己迷惑，倒行逆施，建造了酒池肉林，窮奢極欲。而比干身為紂王的叔父與宰相，屢次勸諫紂王，但紂王依然我行我素。一次在邀星樓的宴會中，妲己邀請群仙降臨。當時在場的比干，因為擁有七巧玲瓏心，看出妲己招來的神仙，都是一些狐族妖怪，於是不動聲色，尾隨喝醉回家的狐狸精，找到他們的巢穴，而後用計一把火燒死了妲己的這些狐子狐孫。

妲己因而懷恨在心，假裝心痛，她告訴紂王，這個心痛病需要七巧玲瓏心作藥引才能醫治，而整個朝歌城中只有比干有七巧玲瓏心。紂王信以為真，就命令比干把心挖出來給妲己作藥。比干憤慨不已，在朝中大殿上大罵妲己：「妲己賤人，我死冥下，見先帝無愧矣！」（妲己妳這個賤人，我死後在九泉之下，非無愧於我商朝先帝先賢！）他又在大殿上哭泣，說道：「成湯先王，豈知殷紂斷送成湯二十八世天下，非臣之不忠耳！」（成湯先王啊，怎麼知道我們殷商傳承了二十八代，最後會斷送在紂王手中，這不是臣子不忠啊！）說完比干拔劍剖腹，自己把心摘了出來！

在比干上朝前，姜子牙早有不祥預感，於是給了比干一份保命神符。比干燒化符水飲下後，雖然挖出了心臟但暫保不死。他在回自己家中的路上，遇到了妲己幻化成的女菜販在賣空心菜，比干走到那女人面前問了一句：「人無心則如何？」（人沒有心會怎麼樣呢？）賣空心菜的妲己回了一句：「人無心則死。」（人沒有心就死了。）比干聽了這句話，當場吐血身亡。

保祐讀書人求取功名利祿

比干死後，由姜子牙統率的各諸侯聯軍伐紂成功，建立周朝，並在封神台分封諸神，奉元始天尊法旨，封比干為「文曲星君」。隨著時代演進，後世科舉盛行，世人認為人生的富貴都在功名中求取；而取得功名，必須。敬拜「文曲星君」，於是稱「文曲星君比干」為文財神，希望比干能保祐讀書人功成名就，一世富貴。

另外一個說法是，比干死後，忠魂飄到天庭，正好遇到玉皇大帝在選拔天下財神，因為比干剛正不阿，又「無心」而無法「貪心」，更不會「偏心」，所以封他為財神，掌管天下財庫，並賜「金聖孔雀」為坐騎，協助比干濟民救世。在供奉比干財神的嘉義文財殿中，就有供奉金聖孔雀；而在北投關渡宮中，則敬奉比干財神為「文比財神。」

比干財神的忠直形象，象徵財富的公平分配，因此成為後世敬奉的文財神之首。

北投關渡宮比干財神（文比財神）

文財神 李詭祖

民間最早被承認為文財神的神祇，是北魏時期成仙的財帛星君「李詭祖」，也被稱作「增福相公」、「增福財神」、或「福善施公」。傳說他是玉皇大帝帳下的天官太白金星，在天庭的職銜是「都天致富財帛星君」，專管天下的金銀財帛。祂身穿大紅官服，腰掛玉帶，頭戴丞相帽，相貌和善，有求必應。每逢年節，民間張貼祂的年畫，倍增喜氣，也是財神信仰中非常受歡迎的一位神祇。

據《三教搜神大全》記載，李詭祖在魏文帝時治相府事，白日裁斷陽間冤獄，夜間主判陰間是非，兼管隨朝三品以上官人衣飯祿料，確保陽世居民年年可以豐衣足食。

唐高祖賜封「財帛星君」

在唐初，祂由唐高祖贈封為「財帛星君」，到了後唐明宗天成元年贈為「神君增福相公」，成為民俗史上最早被承認的文財神。後來元世祖再加封「福善平施真君」，人稱福善平施公，道教則尊稱為「增福致善平施真君。」

另外有一傳說，在唐高祖武德二年時，李世民的母親曹皇后生了一種怪病，被厲鬼纏身，晝夜不寧，朝廷遍尋

文財神財帛星君繡畫

國手名醫，始終沒有起色。於是李世民在全國放榜徵求能人異士，希望能醫治母親病症。這時候一個來自齊地的道人告訴李世民，大唐王朝的建立雖然是天命所歸，但建國時期殺戮過多，怨魂遊鬼充滿冤屈，無法得到安寧，於是遷怒皇后。

這位道人還建議，若要解決曹皇后病症，在齊地淄川有位李神仙名詭祖，此仙曾在北魏孝文帝朝治相府事，後來在五松山得道成仙。詭祖的諧音是「鬼祖」，所以主裁陰陽冤獄，能驅邪役鬼，祛病消災。道人要李世民在皇后往所設立李神仙牌位，求其顯靈，終於醫好了皇后的疾病。李淵非常感激李神仙，於是賜封李詭祖為「財帛星君。」

原為北魏時曲梁縣令

而在歷史記載上，李詭祖確有其人，他是北魏孝文帝時期的曲梁縣令，也就是現在的河北邯鄲市曲周縣。根據民國廿二年《曲周縣誌》記載：「李詭祖，淄川五松人，任曲梁縣令期間，清正廉潔，為民造福，疏通河道，治理鹽鹼，率先垂範，生活儉樸，把自己的俸祿都拿出來

財帛星君銀掛牌

紅木增福文財神掛件

周濟貧苦的人，是老百姓愛戴的清官，死後老百姓立祠紀念。」

曲周城中有奉祀李詭祖的宗祠，在明嘉靖年間，由兵部尚書王一鶚重修，清光緒二十四年又重修，稱為增福李公祠，也稱財神廟。民國初年時還存在，八年對日抗戰期間，廟宇遭日軍砲火炸毀；而後國共內戰，廟內殘存的石碑建材等，被搬到淄城作為修橋鋪路使用。如今古廟已不復存在，相當可惜。目前的李詭祖墓及增福財神廟，是為近年重修，香火依然不絕。

雖然近年來台灣社會日趨都市化，但春節時仍保有貼春聯跟年畫的習慣，很多人喜歡在門上貼上財帛星君等喜慶圖畫，造型大多是錦衣玉帶、冠冕朝靴，臉色白淨，面帶笑容。

一般來說，財帛星君手執如意、元寶、或是聚寶盆，或雙手持長聯，上面寫著「招財進寶」四字，顯得這位財神爺神通廣大，為大家帶來取之不盡、用之不竭、源源而來的金銀財寶。

三色玉石文財財吊飾

五路武財神

台灣的財神信仰，除了文財神以外，武財神部分則包括正義武財神關公，以及以玄壇元帥趙公明為首的五路武財神。趙公明元帥稱中路財神，與祂下轄的東路財神「招寶天尊蕭升」、西路財神「納珍天尊曹寶」、南路財神「招財使者陳九公」、北路財神「利市仙官姚少司」，合稱五路財神，或是五路武財神。

根據古籍記載，最早在兩晉南北朝時期，現今我們信仰的武財神趙公明，其實是個瘟神。在《搜神錄》的故事中，趙公明是個散佈疾病、取人性命的鬼王。在南朝道士陶宏景的記述中，趙公明是五瘟使者之一，稱西方白瘟鬼趙公明，是五行中屬金的精靈，領萬鬼行注氣之病。到了元朝道教經典《三教源流搜神大全》記載中，趙公明則成了掌管秋季瘟疫的瘟神，稱「秋瘟趙公明。」

武財神趙公明元帥

瘟神受姜子牙封成財神

而趙公明是怎麼從兇戾惡煞的瘟神變成財神呢？首先來自於《封神演義》。在這本小說中，趙公明是截教仙人，原本在峨嵋山羅浮洞修行，受其摯友聞太師之託，與其師兄弟姚少師及陳九公下山助陣，協助聞太師抵抗姜子牙所率聯軍。趙公明下山時降伏大黑虎一隻，成為了他的坐騎。

趙公明下山後屢立戰功，打的姜子牙陣營節節敗退。在戰事過程中，趙公明追殺的燃燈道人逃到二仙嶺，武夷山散仙蕭升愛管閒事出來救援燃燈道人，被趙公明打死。蕭升的好朋友曹寶友為了報仇，投入了姜

西路財神納珍天尊曹寶

東路財神招寶天尊蕭升

南路財神招財使者陳九公

北路財神利市仙官姚少司

子牙陣營，而後戰死於十絕陣中。

由於聯軍敗退，姜子牙為了挽回頹勢，請了陸壓道人出馬，以釘頭七箭書暗殺了趙公明的元神。而在援救趙公明的過程中，姚少師為哪吒所殺，陳九公為楊戩所殺。

姜子牙伐紂成功後，奉師尊元始天尊之命，在封神台封賞雙方陣營將士，於是趙公明被封為：「金龍如意正一龍虎玄壇真君」，簡稱「玄壇真君」，陳九公則被封為「招財使者」，姚少司被封為「利市仙官」，蕭升被封為「招寶天尊」，曹寶則被封為「納珍天尊」，由這五位神明負責掌管天下財富、迎祥納福等職務。世人稱祂們為「五顯財神」、「五路財神」、或「五路武財神。」

玄壇元帥、寒單爺也是他

而在道教中的說法中，趙公明是秦朝末年人，在終南山修道，而後遇到天師張陵。張陵天師在鶴鳴山煉丹濟世，收趙公明為徒弟，協助天師護守丹爐。丹成之後，張陵天師把丹藥

台中廣天宮峨眉山趙元帥

北港武德宮內的文創趙元帥及黑虎爺

分給趙公明服下，趙公明因而得道成神。

因為丹藥神效，趙公明能變幻形象，呼風喚雨，驅使雷電。於是張陵天師命趙公明永守玄壇，為道家信徒保命消災，從此道教各派都承認趙公明為護教四元帥之一，稱為「玄壇元帥。」

在台灣所信奉的「寒單爺」，其實就是玄壇元帥趙公明。相傳寒單爺怕冷，所以要用鞭炮炸寒單爺，讓寒單爺溫暖一些，才能繼續保護信眾平安，來年賺大錢。

以往的年代，「炸寒單」的儀式是在農曆正月初五，玄壇元帥下凡巡行時舉行，現在則是在合併元宵節舉辦。也有傳說，玄壇元帥趙公明有回族血統，所以祭拜時不可有豬肉或者相關豬肉製品，像是豬肉乾、豬肉絲一類，而是要用烈酒及牛肉祭祀。

草屯敦和宮巨大武財神趙元帥銅像

台中廣天宮趙元帥坐騎黑虎爺

五路財神象徵五方進財，滴水不漏

傳統的武財神趙公明形象，多為騎黑虎、執金鞭、黑面長鬚，相貌威武凶悍，是武神模樣。但近年來武財神形象愈趨柔和，金面武財神趙公明多為文官樣貌，依然手持金鞭，但相貌較為和藹，頗受歡迎。隨着文創產業在台灣的發展，五路財神有了Q版造形，可愛的玩偶模樣，更加深入民間。

五路財神象徵「滴水不漏」，五方都進財。一般敬祭五路武財神，是以農曆正月初五「接財神日」，以及農曆三月初五「趙公明元帥聖誕」為主。各個供奉趙公明元帥及其他四路財神的廟宇，在這兩天都有活動，商家及家中也可敬拜，期待五路財神能多庇佑，招來財氣，帶來滾滾財富。

中和南山福德宮金面武財神像

正義武財神 關公

說起台灣民間最普遍的信仰，一是「天上聖母媽祖」，二就是「關公。」

關公的尊稱有「關聖帝君」、「關帝爺」、「武聖爺」、「武聖人」等。道教中稱為「三界伏魔大帝」，與「蕩魔天尊真武大帝」、「驅魔真君鍾馗帝君」並稱三大伏魔帝君。佛教則傳說天台宗的立宗者智顗大師，在荊州玉泉山修行時遇到關公顯靈，大師為關公說法，而後關公皈依受戒，願意成為佛教的護法。於是天台宗開始供奉關公，天下寺廟起而效之，隨著時空衍移，關公成為了佛教中的護教「伽藍菩薩。」

由於關公是武聖，與文聖孔子對稱，所以儒教中也稱關公為「關夫子」、「山西夫子」，為儒教五文昌之一的「文

新竹普天公關聖帝君聖像

衡帝君」；而台灣民間則以「恩主公」敬稱關公。

眾所周知，關公原為東漢末年三國時期的歷史人物，忠肝義膽，武力超群，陳壽《三國志》中曾評論：「關羽、張飛皆成萬人敵，為世虎臣。」曹操也稱讚關公：「事君不忘其本，天下義士也。」關公兩次封侯，一次是在擊殺顏良後，被曹操封為漢「壽亭侯」；二是在關公死後，由後主劉禪封為「義勇壯繆侯。」

關聖帝君聖像

唐朝稱神，歷各代神威愈盛

關公勇武忠義，一般相信從唐朝起，關公便已稱神。唐朝時的武廟主要敬祀的是姜子牙，在唐德宗時，關公已是陪祀的武神，稱「蜀前將軍漢壽亭侯關羽。」唐軍出征，要祭拜武廟及毘沙門天，並攜帶毘沙門天王旗，以保祐戰爭勝利。

到了宋代，關公不只是軍人所敬拜的武神與軍神，民間的關公廟也相當普及。但在宋朝，關公尚未稱為帝君，而被奉為關王。北宋崇信道教的宋徽宗曾封關公為「昭烈武安王」及「義勇武安王」，南宋高宗則封關公為「壯繆義勇武安王。」

關公信仰的完善在於明代。明朝雖然不設武廟，但明太祖朱元璋在京師金陵雞籠山建立「關侯廟」；

明成祖遷都北京後，在正陽門內建了「關王廟」；明神宗則敕封關公為「三界伏魔大帝神威遠鎮天尊關聖帝君。」

滿清入關後，對關公更是崇敬，雍正三年通令全國設立武廟，比照敬拜文聖孔子的太牢禮儀，於春秋兩季祭祀關公；乾隆六十年，則頒令全國寺廟供奉關帝神位；光緒五年時，更敕封關公最長的二十六字封號：「忠義神武靈佑仁勇威顯護國保民精誠綏靖翊讚宣德關聖大帝。」根據統計，清朝時期，全國有記載的關帝廟超過三十萬座，而在京師城北京內就有一一六座。

明清後自武神兼為商神

關公從武神兼為財神，咸信起源於明朝時期。隨著關公在民間的地位愈加顯赫，關公從武神、義神，更成為了各行各業守護神以及財神。傳說中關公曾經賣過豆腐，所以是豆腐業禮敬的財神；《三國演義》中《關公秉燭夜讀春秋》的故事，讓祂成為蠟燭業的行業神；因為關公的兵器是青龍偃月刀，所以跟刀有關的行業，如剃頭業、屠宰業、做刀子、剪刀的，都奉關公為守護神。清代有個剃頭店留下了非常有名的對聯：「問天下頭顱幾許，看老夫手段如何」，可見關公在民間信仰中的地位。

除了各行業的守護神外，傳說關公生前曾發明「簿記法」、「日清簿」，設有「原、收、

新竹普天宮關公像

出、存」四個會計項目，被後世商人奉為商神；而關公守信重義，而信義是做生意買賣的最高原則，且在《三國演義》中，關公死後在玉泉山顯聖，回魂向呂蒙復仇，死也要求勝，象徵生意人不要懼怕挫敗，終有東山再起的一天，因此生意人尊奉奉關公為商神。

另外，明清時期富可敵國的「晉商」集團，也是關公被稱為商神與財神的重要推手之一。晉是山西地區的總稱，關公本就是山西人，於是山西的晉商出外時要敬祀關公，希望關公能保祐行商順利平安。而商人在外闖蕩江湖，總是需要彼此照應，不同行業間更要合作，互信互利，以應對其他商會的競爭。於是晉商間彼此結義，形成商業同盟，這樣的基礎，就如同當年劉、關、張桃園三結義一般，終身不背棄承諾。如此講信重義的象徵，也是晉商崇敬關公的另個原因。自此，財神關公的形象，隨著晉商腳步更加遍布中國。

在台灣，早在鄭成功時期，就已經在台南地區建立正式的關帝廟，這時的關公則是軍神、武神、護國佑民之神。最早的關帝廟是台南新美街中的開基武廟，可惜在二戰時被美軍炸毀，戰後才陸續重修完成，文物多有佚失。規模比較大的早期關帝廟，則是目前台南的祀典武廟，由於清朝統治台灣後，祀典武廟改為官祀，所以文物保存程度相當完好，也稱台南武廟。

忠義形象深植民間，世稱「恩主公」

另外，關公也是對民有恩之神，所以台灣民間也稱「恩主公」。台灣最有名的恩主公廟是台北

關二太子關平

行天宮，分為台北本宮、北投分宮，與三峽行修宮。台北恩主公廟並沒有將關公作為財神敬拜，台北本宮及北投分宮是傳統的恩主信仰，三峽行修宮則敬拜關公及其周邊人物，包含蜀漢昭烈帝劉備、桓侯大帝張飛、武侯諸葛孔明、關二太子關平、南天將軍周倉，以及關公父、祖等。

傳統關帝廟中的關公像，多以神明聖像的方式表現，紅面長髯，或黑面長鬚，雙手執於胸前，頭戴聖冠，身批聖袍；少數則是端坐椅上，手撫長鬚；比較特殊的是台灣新竹普天宮的大關公像，右手豎起大拇指，左手執《春秋》，非常符合正義武財神關公的形象。

而民間擺設或供奉的關公聖像則比較多樣。在香港，由於關公也有儒教夫子的身分，所以一般商家所供奉的文關公聖像，多為穿綠袍，執春秋；而警察所拜的關公像，則為武神樣貌，穿綠袍，執關刀，穿紅鞋；台灣民間擺設或敬拜的財神關公像與香港類似，但更加多元，可以是全木雕或塑像，不需額外批袍掛印，沒有嚴格區分行業別，可以自行選擇持大刀威武樣，或持《春秋》專注研覽樣，或坐或立，或騎乘赤兔馬，除了神性，也更增添幾許藝術氣息。

在敬拜關公的同時，應該要注重關公忠勇信義的精神，不行邪祟之事，不求偏財，無論行事行商，當存正想，當求自身之正，這樣關公才會保祐平安，事業亨通。

南天將軍周倉

台灣所有財神中，最為民間熟悉、而且與我們生活有密切關係的，就是隨處可見的「土地公」，也稱「福德正神」、「福德財神」，客家人稱「伯公。」土地公的信仰遍布於漢文化圈，甚至在琉球也有土地公，當地稱為土帝君（トウティークー）。

從國家祭祀的土神，到保鄉護土的土地公

土地公的信仰，最早來自於自然崇拜時代的土神祭祀，在商朝時就有這樣的記述。最早的土地公稱為「社神」，「社」的部首為「示」，字部為「土」，「示」的含義是祭壇或祭祀，而「社」這個字代表的就是對土地的祭拜，或理解為祭祀土神、地神。

到周朝時期，「社神」的地位更加崇高，土神「社」

關渡宮福德正神像

與穀神「稷」被一起崇拜，稱為「社稷」，跟天神一樣，是最重要的國神。在後世，社稷甚至逐漸衍生成為國土江山的觀念。

由於周朝實行封建制度，在分封諸王時，也要分給諸王一塊宗室社壇（土神神壇）的泥土，由諸王帶回封地供奉，或為新國家的保護神；而諸王又將新的社土分給諸侯，到自己的管理區域奉祀。於是從都城到鄉村，都有社神的存在。後來在農業社會裡，又融合了稷神的信仰，社神能保庇一地居民的安寧與豐收。

而這時的社神，也從國家祭祀的土神，慢慢演變成為民間敬拜的土地公。一直到今天，土地公依然存在於各地，保鄉護土。

從一國官祀的國神，慢慢成為護佑一地的土地神，土地公的信仰深入民間，在大陸、台灣、東南亞的華人圈，敬奉土地公非常普遍。有人認為，土地公在神界裡面屬於地方行政官員，大概如同區長、村長、里長的存在，而土地公的上司則是城隍爺；也有人認為，受過敕封的土地公位階較高，可以執行城隍爺的工作，能執掌一方，所以有被敕封的土地公，地位等同於城隍爺。

土神祭拜有建廟者，有僅為土墩者

在甲骨文中，「土」這個字，是在「一」上面畫有一個凸起，象徵地面上凸起的小土墩，象徵大地。最早的土神祭祀，就是在大樹下填一個土墩，設立石碑來祭拜。這樣的傳統土地公廟，仍然流傳於台灣六堆客家聚落中，例如「美濃開基伯公」及東門樓「庄頭伯公」，並不建立廟宇來祭拜土地公。

而台灣其他地區，則多建廟祭祀土地公，廟宇可以金碧輝煌，也可以是鄉間小廟，只用兩塊石板作牆，上面再放一塊石板作頂，裡面供奉石碑或土地公神像。像是北部著名的「中和烘爐地南山福德宮」，就是從這樣的一個小廟開始，慢慢發展成現在氣勢恢弘的廟宇。

而在柬埔寨，幾乎每一個華人家庭都敬奉土地公，稱為地主神，有供奉土地公與土地婆，有敬奉土地公與一位類似日本七福神中大黑天的神明，以及當地高棉佛教中的神祇。

有些土地公廟只敬奉土地公，有些土地公廟則同時敬祀土地公與土地婆。台灣民間的土地公信仰相當盛行，在農業時代，人們相信，土地公除了保祐一家的平安，也保祐一地的五穀豐收。農民的財富來自於土地，這時土地公已經隱隱有「財神」的定位；而後台灣工商業興起，能保祐工廠平安的土地公，能保祐生意人出外生意興隆的土地公，逐漸成為台灣地區重要的財神之一。尤其在台南地區，很多當地人相信，土地公就是獨一無二的財神爺。

木刻土地公神像

最具親和力、祭拜最頻繁的財神

土地公的造形多樣，有頭戴華麗聖冠或員外帽，身披神衣的傳統台灣神像造形，也有一手拿著拐杖、一手撫鬚，帶著可親笑容的樣貌；隨著近年來財神土地公的形象逐漸流行，手持如意、元寶、或銀錠金磚，福態富貴的模樣，也相當受到歡迎。而相對於其他神明，由於土地公親近民間，土地公神像的材質也更加多元，除了傳統石雕、木雕之外，泥塑、銅鑄、陶瓷亦所在多有。

土地公是台灣祭祀最頻繁的神明。一般家中在農曆每月初一、十五祭拜，商家則是在每月初二、十六祭拜；每年農曆二月初二土地公聖誕，以及八月十五土地公得道日、八月十六土地公作牙日，則是到附近的土地公廟祭祀；而每年農曆十二月十六，每年最後一次作牙日，則稱「尾牙。」

在以前的習俗中，為了感謝土地公一年來的辛勞及護持，尾牙日的祭拜要比平日更隆重，祭品也更豐盛。演進到近代，老闆除了感謝土地公外，也在這天或年尾吉日，準備筵席感謝員工，

土地公像

不同年代，不同造形的土地公像

並祈求土地公保祐，來年事事順利、大發利市。

在台灣民間信仰的眾多神祇中，土地公的神格或地位也許不高，但卻是最具親和力、最接近人間的神明。土地公廟無所不在，在田間、在海邊、在山區、在鄉村、在都市，都能看到土地公廟的存在！

有人說，要發財，不必捨近求遠，要從自己身邊的神明拜起，這位神明就是土地公。而我們更相信，土地公是樂於助人的長者，會給我們好的機緣。如果土地公庇護讓我們得到財富，我們更應該惜福賜福，多做公益，回饋社會，這樣土地公給我們的福報，才會源源不絕！

中和烘爐地有南山福德宮大土地公像

偏財神 賭神韓信

很多人不知道，漢朝開國大將韓信也是財神，號稱「大賭神韓信」，屬於財神爺中的偏財神。

在台灣，除了一些財神廟有配祀韓信爺，例如北海發財廟石門聖明宮、新屋八路財神廟、旗山八路財神廟等等，甚至在南投還有一家敬祀韓信爺的南投名間財神宮，專門奉祀韓信爺賜予偏財。當公益彩券的獎金累積很高時，常吸引南北投注客包車光臨、求明牌。

相傳韓信爺是麻將的發明人。台語歌星蔡秋鳳在二〇一一年曾唱過一首〈問韓信〉，歌詞詼諧有趣，其中有唱到：「為什麼打麻將這麼驚心動魄，要問麻將的發明人大賭神韓信。」

南投名間韓信廟所供奉的韓信爺

相傳發明麻將安定軍心

而據正史記載，韓信是淮陰人，少時貧窮，母親死後甚至沒錢安葬，韓信後來還要靠釣魚才有東西吃。當時在河邊漂洗紗絲的老太太一直濟助他，接連幾十天，韓信非常感謝，說：「吾必有以重報母。」（我將來一定會好好報答您）老太太生氣地回答：「大丈夫不能自食（養不活自己），吾哀王孫而進食（我是可憐你這位公子才給你飯吃），豈望報乎（如何會希望你的回報）？」除了貧苦，韓信還曾受當地惡霸胯下之辱，生活很是悲慘。

秦末戰亂，韓信加入劉邦陣營，屢建大功，與蕭何、張良並稱漢初三傑。後人評價韓信：「言兵莫過孫武，用兵莫過韓信。」漢朝建立後，韓信兵權被削，從齊王改封楚王。而後劉邦追拿項羽部將鍾離昧，鍾離昧因與韓信有舊交，特來投靠，但韓信為了求得劉邦信任，仍將鍾離昧交出；但劉邦並不領情，還是想殺他，韓信被押解時抱怨：「果若人言，『狡兔死，良狗烹；高鳥盡，良弓藏；敵國破，謀臣亡。』天下已定，我固當烹！」劉邦聽言不得不釋放他，但降其為淮陰侯。只是最後韓信還是被呂后設計陷害，在長樂宮鐘室被殺。

供奉韓信爺用的象棋

供奉韓信爺用的麻將賭具

韓信善帶兵，曾對劉邦說：他帶兵「多多益善」！相傳在沒有戰事時，韓信設計了很多遊戲及賭具，藉以安定軍心。並有傳說，骰子跟麻將就是韓信發明的。在兵士困乏之時，韓信以賭戲激勵士氣，故漢軍屢戰屢勝，建立不世功勳。由於民間傳說韓信爺以賭致勝，故敬奉為「賭神」，賭博業更是尊奉韓信為祖師爺。

以賭神入列民間八路財神

另有傳說，韓信怕楚漢爭霸勝利後被劉邦害死，所以要求劉邦，只要「抬頭能見天，腳下能踩地」就不能殺他；而後韓信反叛，要求劉邦遵守誓言，免他一死。劉邦正煩惱時，呂后出了個主意，只要把韓信吊在銅鐘內，再把銅鐘吊高，那韓信就是「抬頭不見天，腳下不著地」，把他處死了也不算違背誓言。後來韓信看到銅鐘，知道此命休矣，大嘆：「銅鐘罩頂難昇天，腳無著地難投胎。銅鐘吊死我韓信，留戀世間做鮫神（賭神）。韓信設賭安軍心，凍憨賭鮫贏現金。」而後他才被民間奉為賭神。

在台灣民間，除一般所熟知的五路財神，就是玄壇元帥趙公明、與其率下東、南、西、北等四路天官財神之外，也有宮廟加入「東南路大賭神韓信」、「西南路偏財神劉海蟾師」、「東北路金財神沈萬三」、「東南路文財神陶朱公」，並稱天官八路財神爺，象徵四面八方都進財！

據稱韓信爺愛吃甜食，故祭拜時應準備冬瓜糖等甜品，也可另外準備菸、酒、象棋等等。請注意，祭拜韓信爺千萬不可有蘋果（意寓「貧」）、或者核桃酥等酥類點心（意寓「輸」）等這類供品；且韓信爺不庇祐心術不正的人，詐欺之徒切莫參拜。

準財神　劉海蟾祖師與金蟾

許多民間信仰的財神，並沒有得到正式的財神封號，卻又能為人們帶來財運，這就是所謂的「準財神」；其中，劉海蟾祖師是典型的代表之一，又稱為「機會之神。」

劉海蟾祖師，又稱海蟾祖師、或劉海蟾師，本名劉操。據民間傳說，海蟾祖師成神前為五代後梁燕國人（地處約為現在的北京），也有傳說是濱州人（現在的山東濱州），是進士出身。燕王劉守光稱帝時，曾拜海蟾祖師為相，但因燕王無道，祖師屢勸無用，非常煩惱。

而後，海蟾祖師遇八仙中正陽祖師漢鍾離點化，鍾離向海蟾祖師要了10個雞蛋、10個銅錢，交互相疊，海蟾祖師驚呼：「危險啊！」鍾離於是向海蟾祖師說：「相公您

石碇仙石府海蟾祖師廟中供奉的海蟾祖師像及各種造形的咬錢金蟾

的性命，比這更危險啊！」說完後打破雞蛋離去。海蟾祖師於是頓悟，辭去官職，散盡家財，潛心修道，道號「海蟾子」，入山時拜呂洞賓為師，得道成仙，並由元世祖忽必烈封為「海蟾明悟弘道真君」，元武宗加封為「海蟾明悟弘道純佑帝君」，受民間香火，供奉至今。

也有另一傳說，赤腳大仙為修成「金鋼佛」，需下凡間修鍊五百年，劉海就是赤腳大仙在人間的化身。大仙在下凡的時候，仙氣外洩化為金蟾，為求修成正果，劉海必須把金蟾找回，補齊了仙氣才能回到天庭。於是劉海用金錢戲弄金蟾，終於將金蟾找回，從此背負身上……。「蓬萊久隔人間路，常伴金蟾會眾仙」，就是這個典故。

金蟾吐錢，祖師濟窮

相傳，祖師的親人當官時貪財，但因平常禮佛修道，死後未下地獄，但墮入畜生道，化成三足金蟾被投入東海。祖師證道成仙後，為救其親人，以銅錢為餌，將咬錢的金蟾釣出東海，扛在肩上，其後成為祖師坐騎。據傳金蟾每走一步，就吐一個銅錢，祖師走到那裡，就把錢撒到那裡，濟助

海蟬祖師坐騎，三足金蟾蜍

窮人，於是成為民間信仰中的準財神。

也有一說，三足金蟾是一隻貪財、法力高強的妖怪，性喜金銀財寶，而後被祖師收服，利用金蟾對金銀財寶天生敏感的能力，挖掘財源，濟世救人。

在戲曲中，劉海戲金蟾的故事也是相當著名的。劉海是山中的樵夫，勤勞又老實，平日事母至孝，修鍊有成的狐仙心慕劉海，化身為美麗的胡秀英，兩人結為夫妻。這件事情被山裡潭中的三腳蟾蜍精知道了（一說是劉海家旁的井中），心生嫉妒，某一日幻化成道人，攔住了劉海，想透過劉海騙取狐仙胡秀英腹中金丹。不料劉海將所有事情告知妻子胡秀英，胡秀英用反間之計，反而騙得了三腳蟾蜍的內丹，劉海與胡秀英雙丹俱得，修鍊成仙，而三腳金蟾也因此變成了劉海的坐騎。

生意人最愛擺設咬錢蟾蜍

在台灣，祖師多為經商的生意人所祭拜，祖師的座騎「三足金蟾」，就是營業場所、公司行號頗愛擺設的吉祥物「咬錢蟾蜍」，取其咬錢入財之義。此外，據傳海蟾祖師修成長生不老、返老還童的

海蟾祖師元寶像

劉海蟾祖師財神像

仙術，喜歡化成童子模樣，頭髮覆在前額，所以現在覆住額頭的髮形，被稱為「劉海」，其實源起就是來自劉海祖師的髮型！

另外，由於海蟾祖師在釣金蟾的時候，用絲線穿過銅錢，這個穿線過金錢眼的動作，隱喻「穿針引線」，所以海蟾祖師也被民間稱為「針神。」在台灣，劉海蟾祖師雖然比較不為民間所熟悉，但祖師形象及故事早已和民眾生活結合，尤其海蟾祖師的「咬錢三足金蟾蜍」，與豁落靈官王天君的「貔貅」，並稱台灣兩大招財神獸，海蟾祖師不只是準財神，也是頗受民間歡迎的偏財神。

劉海蟾祖師像

招財王 沈萬三

沈萬三在中國歷史上是頗有名的傳奇人物，他是元末明初時江南首富，有許多關於他的民間故事，非常有趣。

沈萬三最出名的，就是他的聚寶盆。相傳沈萬三年輕時家境窮苦，有一天他看到有漁民在賣青蛙，心有不忍，於是買下來放養在家旁池塘裡。但是青蛙日夜聒噪，很讓人受不了！

有天沈萬三一早被吵醒，要去驅趕青蛙，發現青蛙聚集在一個瓦盆旁。他覺得很奇怪，就把瓦盆帶回家當作洗手的水盆。說也奇怪，有天他老婆的銀釵掉到盆子裡，隔天發現居然滿盆子都是銀釵；後來用銅錢跟銀子來試，也都變成滿缽銀錢，從此沈萬三變成鉅富。

北海發財廟招財王沈萬三

台北關渡宮萬三財神像（文財神沈萬三）

因聚寶盆成後世傳奇

而後朱元璋修築南京城城牆時，在中華門那邊有個泥塘地，怎麼填土都填不滿，怎麼砌牆都會倒掉。於是朱元璋將沈萬三的聚寶盆借來，說好五更三刻還。借來聚寶盆後，朱元璋命人把聚寶盆埋在中華門地下，一夜之後，果然土地填實、城牆砌牢了。

但朱元璋反悔不想還回聚寶盆，於是劉伯溫獻計，要朱元璋下令讓打更的不再打五更三刻，沈萬三就永遠拿不回聚寶盆，而後南京中華門也被稱為聚寶門。因為這些故事，沈萬三被後世稱為「活財神、招財王。」

明史中確實有沈萬三的記載。在明史馬皇后傳中，沈萬三捐助建造了南京城牆的三分之一，又想犒慰軍隊。朱元璋大怒，認為他搞勞軍隊就是要作亂，一怒之下想殺了沈萬三；但馬皇后出面求情，沈萬三才被流放到雲南；洪武三十一年，沈萬三的女婿顧學文被牽扯到藍玉案中，沈家幾乎被滿門抄斬，於是沒落。

弔詭的是，在後來發現的沈萬三兒子沈榮的墓誌銘中，發現沈榮死於洪武九年，享年七十一歲，所以在明朝建立時，沈萬三也許已經不在了，極可能他根本沒見過朱元璋。然而歷史真相如何，留給專家考據，我們拜萬三財神就好。

金財神 石崇

石崇，字季倫，在台灣民間被奉為「金財神」，也稱「季倫財神、石崇財神。」

歷史中的石崇，是西晉開國元勳石苞的第六子。石苞臨終時刻意不分遺產給石崇，因為他認為石崇可以靠自己賺到更多的財富，不需要留什麼給他。而後石崇參加了晉滅吳國的戰爭，受晉武帝重用；武帝死後，惠帝即位，石崇改任荊州刺史，經常搶劫商旅，成為鉅富；惠帝時期，石崇依附賈后外戚，八王之亂時被冤殺，石崇與他的母親、兄長、及妻兒等十五人均死。

富可敵國，杜牧有詩傳之

石崇豪奢，後世有幾篇記述。晉武帝的外甥王愷與石崇屢次鬥富都輸，武帝為了給王愷面子，特別賜給他一座

北海發財廟金財神石崇

台北投關渡宮季倫財神像（文財神石崇）

兩尺多高的珊瑚樹。石崇看了以後，隨手就用鐵如意打碎，王愷又惋惜又生氣地質問石崇。石崇居然回答：「這有什麼好遺憾的，我現在就賠你。」於是叫手下把自己的珊瑚樹拿出來，除了高達三、四尺高的，還有光彩奪目的六、七座，王愷看後，悵然若失。

又有記載，石崇住所「金古園」極其豪奢，連廁所都是富麗堂皇，每次如廁有十數名婢女服侍，其中置甲煎粉，還放置沈香汁等等，客人往往覺得不好意思。杜牧金谷園詩中首句：「繁華事散逐香塵。」其中香塵的由來，是指石崇為教習家中舞妓步法，把沉香屑鋪象牙床上，讓她們在象牙床上練舞，練習後檢查，腳上沒有沾到香屑的，則賜予珍珠。石崇豪富，可見一斑。

由於石崇位不及皇帝，卻比皇帝更富有，他的金谷園更是聲名遠播，所以被後世當成財神崇拜。

彌勒財神

首先我們要了解，在民間信仰中笑口常開的大肚彌勒，跟佛教裡的彌勒佛是不太一樣的。佛教中的彌勒佛，是三世佛中的「來生佛」，其前身佛是「燃燈佛」，而現世佛則是「釋迦牟尼佛。」

西晉的佛教經典有記載：「有彌勒在後世人壽達八萬四千歲時，會降生人間，將建立人間淨土。」《楞嚴經》第五卷中，彌勒佛也解說了關於得道的法門，是為「彌勒菩薩圓通章。」

彌勒信仰重視來生，希望死後能上兜率淨土。五代以後，唐朝佛教興盛，相傳武則天為了順利登基，假託自己是彌勒轉世，要來改朝換代；後來順利創立周朝，成為中國歷史唯一的一位女皇帝。詩人白居易也是彌勒信徒，有詩為

新竹普天宮彌勒財神

證：「吾學空門非學仙，恐君說吾是虛傳。海山不是吾歸處，歸即應歸兜率天。」但後來野心家曲解彌勒教義，招信徒作亂，從隋唐到明清，朝廷屢禁不絕，這史實與財神信仰無關，就不多提了。

大肚彌勒形象起自五代後梁

在五代以前，彌勒佛的形象大致有兩種，一個是菩薩造型，一個是如來造型，都是莊嚴慈悲法像。

目前我們熟悉的彌勒財神，相傳起於五代後梁時期。當時浙江奉化有一位「契此和尚」，個子不高，挺了個大肚子，用竹竿掛了個大布袋，笑口常開，常在街上化緣，人稱布袋和尚。據說他能預測天氣，他的草鞋濕了，一定會下雨，他如果穿木屐，就一定天氣晴朗，非常神奇。他圓寂前留下偈語：「彌勒真彌勒，化身千百億，時時示時人，時人自不識。」這時人們才知道，原來這位布袋和尚是彌勒化身。

後來彌勒教亂不絕，朝廷屢次鎮壓，為避免信仰被干預，信眾逐漸將笑口常開的彌勒佛，取代了原本佛教莊嚴肅穆的模樣。

北海發財廟大彌勒財神像

童子鬧彌勒，皆大歡喜紫檀雕像

大肚、和氣，象徵福氣與財氣

大肚彌勒佛，也被稱為「笑佛」、「歡喜佛」，「大肚能容天下難容之事，開口便笑笑世上可笑之人」，就是形容大肚彌勒佛的寬廣胸襟及樂觀態度。更由於生意場上「和氣生財」的理念，人們相信大肚彌勒佛不但帶來福氣，也能帶來財氣。

隨著愈來愈多餐廳、商店、以及公司行號供奉大肚彌勒佛，在漢文化圈中，大肚彌勒佛成為了受歡迎的「福財神」，也稱「彌勒財神」，其造形也從原來大肚彌勒佛手持竹杖的立姿，變化為手捧元寶的坐姿。

民間認為摸彌勒的肚子跟手上的元寶，可以帶來福氣跟財氣，但一些民俗學者提醒我們，雖然彌勒佛是包容的佛，被我們當成財神來敬拜，但彌勒佛也是正式的神佛，而且是與釋迦牟尼佛同階的神明。為了表示尊敬，最好不要把佛像放在大門口，更不宜摸神像的頭，這是很不禮貌的動作。另外，如果家中有供奉彌勒財神的神像，方位應該向內，把福氣財氣帶進家門，這樣才正確。

笑口常開 大肚彌勒像

首先，嚴格說來，四面佛不是佛，應該說是四面神。祂是印度神話中三主神之一的梵天，也稱大梵天王，是創造宇宙天地的神明，也是梵文字母的創始者。因為梵天有四張面孔，所以被稱為四面神。而在佛教信仰中，梵天是佛的護法天神，被稱為南無大梵天王，所以也被稱為四面佛。

在泰國，人們認為祂法力無邊，掌管人間財富，是泰國人信仰的財神，也會保護信徒的平安。受泰國影響，在香港、澳門、及台灣，也有相當多奉祀四面佛的廟宇。

四面代表四梵行，所求亦不同

四面佛的造型，多為四面八手，象徵守護四面八方。

在曼谷市區，Ratchadamri路和Phloen Chit路的十字路口，泰國最有名四面佛廟中的四面佛，就是四面八手造

新竹普天宮四面佛廟

型。其他地方的四面佛，則有四面四手、一面二手，或是五面八手、第五面朝天的造型。

八手四面佛一手結法印，另外七手分持不同法器：令旗、經書、海螺、法輪、法杖、甘露瓶、念珠，各自代表：無邊法力、大智慧、賜福、消災解厄滅煩惱、成就、有求必應、輪迴，所結的手印則代表庇護。

在佛教裡，大梵天王的四個面，分別代表不同意義：正面表示慈無量心，願一切眾生平安喜樂，四海昇平；右面表示悲無量心，願一切眾生離苦，拔一切眾生苦；左面為喜無量心，見人行善離苦得樂生歡喜心，願一切眾生離苦皆得歡喜心；後面為捨無量心，修慈悲三梵行而不執著，眾親平等，不起愛憎，廣披恩澤。以上佛教稱為四梵行，是為慈、悲、喜、捨四功德。

而在民間信仰中，四面佛掌管人間所有事務，所以四面所祈求的也都不同。一般來說，正面是求事業發達，生意興隆；右面是求姻緣、善緣、親緣；左面掌管正財及偏財；後面則是求健康運、平安、家宅和諧。

泰國財神代表，祈願切記還願！

說到泰國最著名四面佛廟的起源，據說在Erawan酒店（現為君悅Erawan Hyatt酒店）興建之時，曾發生一連串不幸的工安事故，多位在工地工作的工人離奇喪生。因此業主請來了泰國鑾素威參佩少將來察看，經由將軍建議，設立了四面佛廟，從此一切順利。

後來酒店拆除重建，但四面佛廟仍保存至今，香火鼎盛，也成為重要觀光中心。甚至有觀光客認為，沒到訪四面佛廟，就不算到過曼谷。

現在四面佛廟供奉的四面佛，不是當初建廟時的那尊四面佛；在二〇〇六年六月二十一號上午，寺廟開放參觀之前，有位精神病患喝醉了酒，用鐵錘將四面佛像砸毀，當場被周圍信徒活活打死。目前的四面佛是由當時總理塔克辛下令重建，二〇一五年曼谷爆炸事件即發生在四面佛廟周邊區域，所幸廟只受到輕微損害，目前已恢復。

隨著四面佛信仰在台灣流行，目前在北、中、南部、包括花東，都有四面佛廟。但請注意，四面佛的祈願，和其他神明有一個很大不同的地方，就是當在四面佛前許願，事後也能達到願望時，切記一定要還願！

四面佛最不喜歡的是不知回報的人，所以在向四面佛祈願時，千萬不要答應做不到的事情，以及還不起的承諾。在四面佛面前，誠信最為重要。民間盛傳，如果沒有按時按心願還願，四面佛可是會用各種方式提醒你的！

圖1

圖2

圖3

圖4

圖1 台北長春路四面佛正面像　圖2 台北長春路四面佛左面像
圖3 台北長春路四面佛右面像　圖4 台北長春路四面佛後面像

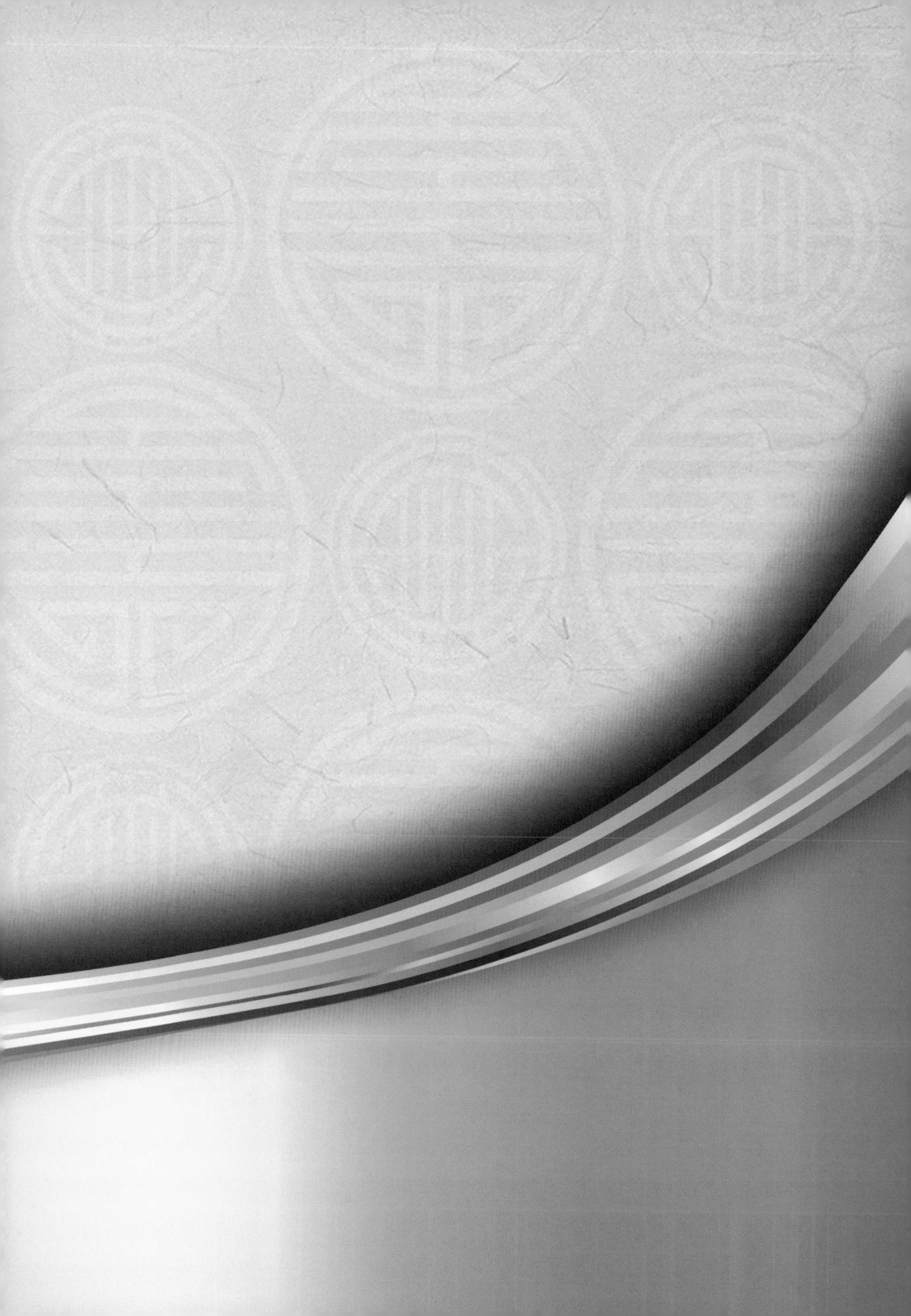

第二章

非拜不可！台灣知名財神廟全導覽

主神、歷史沿革、祭拜特色、求神法門、交通路線／周邊景點／特色美食，一次究極！

第一節

香火鼎盛、地區信仰中心的財神廟

石門十八王公廟

廟史沿革

在「大家樂」與「六合彩」風行的民國七十年代，「十八王公廟」可是赫赫有名，十八王公開出的明牌據說特別靈驗，吸引全省玩家蜂擁而至！由於廟方二十四小時開放，並傳說十八王公是陰神，越晚開出來的明牌越準，所以到了晚上，北濱淡金公路常常擠得水洩不通，甚至有信眾包下遊覽車來此；而大家樂開獎後的一兩天，連白天都會塞車，因為中獎的朋友來還願了。

「十八王公廟」建於何時，已經無法考據，但根據學者研究，應該起源於清代中期，屬於有應公祠一類的陰廟。

十八王公的起源有幾個故事，一說是清朝同治年間，一艘漁船漂流到了石門乾華地區海岸，當地居民發現漁船時，船

忠犬王公摸透透，好運旺旺來

上十七位漁民都已罹難，只有一隻狗還存活，居民合葬這十七位罹難者時，忠狗也跳入墓穴中一起殉葬，居民感佩其忠義，所以經常祭拜；也有一說罹難的是當時的唐山商人，不是漁民。

另一個說法是，當地有十七位漁民出海遭難，其中一位漁民養的狗兒，日夜在漁港守候，企盼歸來，最後竟然投海殉主，居民為了紀念這個故事，特別設塚祭拜，稱十八王公，據說十八王公們從此有求必應，庇佑地方。

「十八王公廟」位於北部淡金公路核一廠旁，原來只是十八王公的墳塚；民國五十二年時，由信眾募款建立了一個小亭；而後因為核一廠的興建，淡金公路的路基加高，路面也拓寬，於是重建了一個加高的新廟。十八王公墳塚在地下室內，一樓則為祭拜的正殿及忠犬王公銅像。

在民國七十五年時，由於觀光興起，來「十八王公廟」參拜的人車眾多，淡金公路無法負荷這麼大的交通流量，於是政府規畫再度拓寬，預定要把十八王公廟拆除作為道路用地。於是廟方在核一廠後山買了十八甲地，象徵一個王公一甲地，在此建立新廟供奉十八王公，稱為「新十八王公廟」；但因為工程計畫變更，政府興建了現在的王公橋，直接跨過舊的十八王公廟及核一廠

廟外第十八王公巨像

出水口，舊廟因而得到保留。

近年由於政府興辦現在的公益彩券，大家樂與六合彩不再風行，來此參拜的玩家少了許多；加上舊十八王公廟當年是以海沙建造，剝蝕嚴重，為重新拾回繁華風貌，廟方與政府協力，整建廟外環境，並於民國一〇三年拆除舊廟重建新廟，並將十八王公移到新廟供奉。目前舊十八王公廟正在整建中，預計民國一〇五年可以完成，我們期待老廟新生。

招財納福

十八王公屬於「有應公廟」一類的陰廟，台灣民間相信，受到冤屈、意外、戰亂、械鬥而枉死的生靈，死後如果無人祭祀，將會禍亂人間，帶來不幸，所以興建廟宇祭祀這些無主冤魂，稱「有應公」、「萬善爺」等。十八王公就是這類的信仰，但由於十八王公廟香火鼎盛，神蹟頗多，後來也有部分民眾認為，十八王公已經升格為守護地方的正神。

一般祭拜陰廟有比較多的禁忌，如果要求身體健康、家宅平安、行商順利、生意興隆的，則要在白天敬奉，不可在日落後才去廟裡祈求，而且願望達成後要來還願，如添加香油錢、或準備戲台酬神。祈求賭博彩券等偏財、或特種營業人士，則在夜間參拜。

十八王公廟最著名的就是第十八忠犬王公。目前舊廟仍在整建中，在新廟外面，則矗立了一尊巨大的黑龍義犬銅像，有三十公尺高；大殿內特別把忠犬王公獨立出來供奉，也是身形巨大。旁邊有台階可以走上去摸摸王公像，摸不同的部位，有不同的意義：「摸狗頭住大樓，摸狗身得萬金，摸狗嘴大富貴，摸狗尾賺家伙，摸狗肚做好頭路，摸狗耳賺錢滿滿是，摸狗角金銀滿厝角。」（台語）

相傳十八王公愛抽菸，所以過去在舊廟常看見信徒點菸代香插在香爐裡。點菸是有技巧的，不可用打火後用嘴吸的方式點菸，這樣對王公不敬，要用打火機點菸絲那頭，然後用手不斷按壓濾嘴，一壓一放，香菸自然點起。

另外由於十八王公出海遇難，身軀泡在冰冷的海水中，所以敬拜十八王公要用熱食為王公去寒。但由於廟址離市區遙遠，熱食取得不易，所以信徒在前往祭拜途中，購買路上攤販或商家的肉粽，趁熱供奉，意外讓肉粽稱為北海岸當地名產之一。

遠眺新十八王公廟

也有很多信徒用「旺旺仙貝」作為貢品。旺旺集團創始人蔡衍明先生，早年從事食品加工業，後來為求異軍突起，特別與日本大廠合作，準備在台灣生產仙貝米果。但蔡先生一直想不到合適又響亮的名字，有次來王公廟參拜時，突然有了靈感，因為狗的叫聲是「汪汪」，諧音「旺旺」，就把產品名字取為「旺旺」，果真大吉大利，事業興隆。所以有不少信徒以旺旺仙貝來敬拜王公，希望能像蔡先生一樣得到王公指點保祐。

周邊景點及推薦美食

十八王公廟位於新北市石門區，從淡水過來，會先經過台灣最北端的富貴角，目前已經規畫成「富貴角遊憩區」，區內規畫尚稱完善，值得一遊。石門洞也是著名的觀光景點，若您喜歡釣魚，舊十八王公廟旁核一廠出水口，是北部著名釣點，但來此作釣要注意安全，救生衣跟釘鞋不可不穿。

關於美食，在石門婚紗廣場對面，有北海岸著名的「劉家肉粽」，很多以前的老香客還會來這裡買粽子。淡金公路沿岸咖啡廳不少，停下來看看海景，吹吹海風，品嘗一杯溫醇的咖啡，也是享受！另外像燒酒螺、蚵仔煎、石花凍，都值得推薦。

廟宇資訊

石門十八王公廟

地址：
新北市石門區茂林村坪林52號

電話：
（02）29603456

萬里金山財神廟

廟史沿革

其實金山財神廟位於新北市萬里區，不是在金山區。由於廟址所在，是風水中「點金虎耳穴」所在，依山面海，有坐擁金山銀山之意，所以稱為金山財神廟。一九九九年時創建，二〇〇二年安座落成，宗旨是積財布施，散財天下。

金山財神廟信徒眾多，香火鼎盛，在一樓正殿右側搭有棚座，除了販售食物飲料等，在此還可眺望遠方大海，相當愜意。週末假日，常看到信眾一家大小來此祈福。金山財神廟亦設立有「白米行善團」及「敬老行善團」，積極參與地方慈善事業，是形象相當正面的廟宇。

武財神招武財

主祀神祇

金山財神廟的一樓正殿主祀五路財神，中路玄壇元帥趙公明、納珍天尊、招財使者、招寶天尊、以及利市仙官。左右為龍虎殿，龍殿陪祀為彌勒菩薩，虎殿陪祀為濟公禪師；二樓陪祀文財神比干、武財神趙玄壇；三樓陪祀千手觀音菩薩。

金山五路財神廟信徒頗眾，最大的特色為「送窮迎富」、「求三寶、得三寶。」三寶分別為五路開運金、財寶袋、財神銀行開戶存文武財氣，以下一一介紹。

招財納福

到廟裡後，先依廟方指示的祭拜方向，向各個神明上香介紹自己，包括姓名、出生年月日、住址、所求事項等等。祭拜後，在求財儀式（發財金，財寶袋，文武財氣）之前，請先到財神廟右殿祭拜濟公師傅，借取桌上的寶扇在香爐上順時針繞三圈，在身上拍打數下，去除身上不好的霉氣、衰氣、穢氣，請濟公師父協助送窮。

要送窮，才迎富

五路武財神，香火鼎盛

而後，到財神廟左殿祭拜彌勒佛財神，祭拜完後先去洗手台洗手，然後摸彌勒佛的容財大肚、及旁邊的財寶座，招財迎富。

之後，就可以求財了。

求財三寶之一，開運母錢五路發財金：

金山財神廟設有財神銀行，但這個銀行不是一般借存資金的商業銀行，而是永不催收帳款、又能預支財氣的財神銀行。無論是富人或窮人，所有審查手續均由擲筊決定，神明做主；何時還款、或是否支付利息，則香由信眾自己誠意。

但金山財神廟與一般財神廟求取發財開運金的方式不太一樣，方式如下：

1. 信眾必須先向五路財神稟報自己姓名/生辰/住址/行業，手捧三對筊（共六個），祈求五路財神恩賜五路開運金
2. 擲筊（只有一次機會）。
3. 擲一對聖筊可借一百元開運金與財神爺賜予一百倍運氣開財運；二對聖筊可借二百元開運金與財神爺賜予二百倍運氣開財運；三對聖筊可借三百元開運金與財神爺賜予三百倍運氣開財運
4. 如果都沒擲到，不能重擲，這表示借發財金的機緣未到，只好下次再來
5. 依據擲筊結果，持身分證向財神銀行開戶，領取貸款卡，註記貸款日期、開運金金額、還願日期以及還願金額等，就可取得領取黃色財神銀行貸款卡以及開運金。

6. 帶着開運金拜奉五路財神，左手持開運金，順時針過香爐三圈，感謝財神賜福。
7. 關於開運金的用法，將祈求來的開運金存入公司銀行戶頭，或個人平常最常使用之銀行戶頭；並將存好開運金的銀行存摺，放進金山財神廟的財神銀行貸款卡裡夾好（祈請財神爺的開運金能幫助您錢滾錢、錢咬錢，讓您的銀行戶頭存款數字能蒸蒸日上），也可將財神銀行貸款卡放進你的銀行存摺裡夾好（祈請財神爺照顧好你的存款，避免你常漏財貨或經營事業虧錢）。
9. 還願時當依據財神貸款卡上金額償還，不得低於求來的發財金金額，並且不要忘記攜帶貸款卡！

求財三寶之二，財寶袋：

向五路財神求財寶袋的方法，首先向五路財神誠心稟報自己姓名/生辰/住址/行業，向五路財神祈求後擲筊，擲筊三次內如果有一次聖筊，就可向廟方求取財寶袋，內有發財錢跟平安財符，並隨喜添加香油錢；若沒擲到聖筊，那就得去濟公師父那邊，借寶扇去穢氣、消厄運之後再來祈求。

求得財寶袋後，請記得到香爐上順時針繞三圈過火，而求來的財寶袋可以掛在辦公室內、大門內門把上、或者車子裡面，可以運財保平安。

求財三寶之三，求文武財氣：

如果自己覺得財氣不足，可以在金山財神廟求財氣。財神廟的二樓，供奉著文、武兩位財神，可以依照各人行業區分，分別向文武財神借求財氣。

適合向文財神借求財氣的，大約就是士農工商裡的士或商，以及藝術、文化、出版這類的職業；適合向武財神借財氣的，大約就是工農業，像是製造業、紡織業、建築工程業、科技業、漁業、攤販等等。

1. 要借求財氣，得先向文武財神稟報自己的姓名、住址、生辰及職業，然後把自己的名片放在神案的聚寶盆內，祈求財神保祐，聚集財氣。
2. 誠心唸出口訣「祈求文武財神恩賜財氣，恩准財氣開戶」，接下來就能開始擲筊，三次擲筊中只要有一聖筊，表示文武財神同意開戶。若三次沒擲到聖筊，那表示運氣仍未順暢，得去濟公師父那邊，借寶扇去穢氣之後再來祈求。
3. 財神恩準開戶後，請拿一本財氣存摺，把自己姓名與發財密碼填好，如果之前已經求得五路發財金財神銀行貸款卡，那就在存摺上填寫貸款卡上之發財密碼，填寫好後將財氣存摺置於神案上。
4. 持聖筊向財神稟報姓名以及發財密碼，然後默念祈求文：「祈求文（武）財神恩賜財氣10分可否？」祈求文武財神恩賜財氣，接著擲筊，共擲六次。

濟公寶扇祛窮氣

正殿法會盛況

5. 若第一次擲出聖筊為十分，第二次才擲出則為八分，其他以此類推，順序為：十分、八分、六分、五分、三分、一分；以第一個擲得聖筊的分數，取財氣章蓋在存摺內「財氣十分」的地方，意謂求得十分財氣。蓋完財氣印後，左手拿財氣存摺，順時針繞香爐三圈過火，就完成求財氣手續。

6. 如果連續六次都沒擲出聖筊，表示氣運仍有阻礙，要再去濟公禪師求寶扇去穢氣後，再來擲筊。

7. 將財神貸款卡放進財氣存摺，再將財氣存摺與公司存摺、或自己主要的銀行存摺放在一起，財神就能保祐財氣不斷。

周邊景點與美食推薦

野柳風景區及野柳海洋世界：

野柳風景區位於北海案國家風景區內，以豐富的海蝕風化地形著稱，陸客來台必定參觀的女王頭就在風景區內。風景區內分為三大區，第一區是女王頭、仙女鞋、乳石等，第二區是豆腐岩、龍頭石等，第三區是海蝕壺穴、海狗石等，非東北季風及颱風來襲時，值得一遊。

風景區入口為野柳海洋世界，有常態性的海豚、海獅表演，並有海洋生物展示館及標本區，適合全家大小一起遊覽。

金山老街：

由於金山財神廟位於金山與萬里交界處，在參拜完後，可來老街一遊。老街名為「金包里街」，街道旁建築多已改建，但好吃、好玩、好香是其特色。

老街目前仍然是金山地區農產品銷售地點，如芋頭、箭竹筍、山藥、野菜等等，街尾廣安宮旁鴨肉店是金山著名美食，想吃要早點來。其他古老口味的肉餅、老婆餅等等，也是推薦必嘗的。

金山溫泉：

金山溫泉在日治時代就已經開發，溫泉與陽明山溫泉同屬一個泉區。目前園區內的溫泉區有金包里溫泉、磺港溫泉、以及加投溫泉三處。舊總督府溫泉則為海底溫泉，參拜完後，可來此泡湯，消除一身疲憊。

美食則有萬里蟹（產季時可至野柳港及龜吼港直接採購）、金山萬里甘薯芋頭、金山老街鴨肉及其他傳統料理、龜吼飛魚卵壽司、龜吼漁港咖啡等。

廟宇資訊

萬里金山財神廟

地址：
新北市萬里區磺潭里公館崙52-2號

電話：
（02）24981187

金山財神廟視野開闊

北海發財廟

廟史沿革

北海發財廟的全名為「石門代天府聖明宮」，臨近富基漁港，是北部濱海公路上著名財神廟之一。它的入口處有風箏公園，後方是龜仔山，依山面海，視野相當遼闊，風水極佳。正殿上方有三十六尺高的玉皇上帝像，左右是二十二尺高的濟公活佛及地母娘娘像，廟前則是十八尺高的哪吒三太子像，遠遠就能看到。

北海發財廟是北海岸地區第一家創立的財神廟，建立於民國六十八年，最初只供奉了五路福財神。它的舊廟名是「發財殿」，民國九十三年擴建到現今的規模，並且由財神爺降下玉旨，改名「北海開基十路發財廟」，簡稱「北海發財廟。」廟內除了主祀「玉皇上帝」、「儒、

文質彬彬武財神

釋、道三教尊神」、「金吒、木吒、哪吒三太子」等諸多神祇，也從原來奉祀的五路財神爺，增加到十路財神爺，是全台唯一供奉十路財神的財神廟。

在供奉的財神方面，除了十路文武財神外，還奉祀了「賭神韓信」、「養生求財有求必應行醫黃大仙師」、「神農大帝」、「魯班荷葉爐公仙師」、「劉海財神」、「聚寶童子」、「福財神王、」「管仲財神」、「武聖財神關羽」、掌管貔貅神獸的「王天君」等等。

其中較特殊的一點是，一般財神廟只祭拜中路財神趙公明的坐騎黑虎爺，而北海財神廟則各自供奉五路財神的坐騎，共有五尊虎爺，相當特殊。

除了各路財神，北海財神廟供奉的神明相當多，保庇四海八方。如果以人間的話來講，就是各行各業的業務，均有承包，不愧被稱為「神仙便利廟」！

由於本書主題為財神，所以我們在此僅介紹北海財神廟

新北市石門聖明宮（北海發財廟）開基 十路財神爺聖記

↑西路財神（曹寶）又稱納珍天尊，為趙元帥部下，掌管西路收納財富之事。

↑北路財神（姚少司）又稱利市仙官，為趙元帥部下，掌管北路利市財富之事。

↑玄壇元帥（趙公明）又稱中路財神，為商朝時代武將，得道成神，掌五路除瘟求財獲利，其下收伏座騎黑虎。

↑南路財神（陳九公）又稱招財使者，為趙元帥部下，掌管南路迎祥納福之事。

↑東路財神（蕭昇）又稱招寶天尊，為趙元帥部下，掌管東路招財進寶之事。

↑文財神（比干）商紂時代丞相，以無心無法貪心，為國盡忠，晉封掌管天下財庫。

↑金財神（石崇）晉朝有名的富翁，又稱季倫財神，中國歷史上最有錢的人。

↑如意財神（范蠡）春秋時代趙國人，曾協助越王勾踐復國，經商有道，尊稱陶朱公。

主祀的十路財神爺，以及配祀的各方財神爺，供讀者參考。

招財納福

由於聖明宮內供奉各路神明，我們一一介紹宮內主祭及陪祀的財神。

五路文財神：

天官如意財神——范蠡，又稱陶朱公，後世奉為陶瓷業的祖師爺。本廟尊稱天官如意財神，特定農曆正月初四日為統一例祭聖誕日。

文財神——比干，傳說比干被紂王挖心後，當時天庭正選拔掌管天下財庫之神，而比干為國盡忠不幸遇害，而且心已經被挖出，所以無法貪心，玉帝便特封比干為掌管財富的文財神，同時也是庇祐世人升官晉爵功名的文財神，特定農曆正月初四日為本廟統一例祭聖誕日。

金財神——石崇，又稱季倫財神，乃晉朝有名的富翁，甚至比皇帝還富有。本廟尊稱金財神，特定農曆正月初四日為統一例祭聖誕日。

招財王——沈萬山，又稱萬山財神，據說得到「聚寶盆」而富甲天下。本廟尊稱招財王，特定農曆正月初四日為統一例祭聖誕日。

正財公——包拯，這是眾所周知的包青天，日治陽世，夜審陰司，鐵面無私，公正廉明，後世尊稱森羅五殿閻羅天子或包府千歲。本廟尊稱正財公，農曆正月初八日為聖誕日。

↑招財王（沈萬山）明朝巨富，協助明太祖朱元璋建立王朝，又稱萬山財神，富甲天下。

↑正財公（包拯）宋朝包青天，鐵面無私公正廉明，有日間治陽世，夜間審陰司，尊稱森羅五殿閻羅天子或包府千歲

五路武財神：

中路財神——趙公明元帥，本廟尊稱玄壇元帥，趙公明為「金龍如意正一龍虎玄壇真君」，率領部下「東路財神招寶天尊蕭昇」、「西路財神納珍天尊曹寶」、「南路財神招財使者陳九公」、「北路財神利市仙官姚少司」等四位正神，合稱「五路武財神。」

傳說趙公明騎黑虎，雲遊四海，凡有冤抑難伸，祂會主持公道，人們買賣求財，祂可以使之獲利，神恩廣被，世人尊稱「玄壇元帥爺」；因祂生性畏冷，又稱「寒單爺。」每年農曆三月十五，為本廟統一例祭聖誕日。

配祀財神：

赤松黃大仙、偏財公韓信爺、武聖財神關羽、神農大帝、魯班仙師、荷葉仙師、爐公仙師、福財神王、福財嬤、管仲財神、劉海財神、卜式財神、黑虎將軍、聚寶童子、增福財神、財寶天王、福祿壽三仙、王靈天君。

千年豬神樹公與彌勒洞：

除了諸多神明，北海發財廟的後山上，有一棵可由十二人合抱的千年榕樹，約六層樓高，樹上的樹瘤酷似豬頭。據說，當遇到困

神樹公結緣八卦鏡

全台唯一千年神樹公

境時，只要誠心向神樹請願，難題便可迎刃而解。信徒視為天蓬大元帥的化身。

信眾剛開始只是在樹前設置香爐祭拜，而後建立了山神廟，稱為「千年豬神樹公」，也有信眾稱為「豬元帥」，據說有求必應，相當靈驗。

「彌勒洞」裡面有大彌勒財神像三尊，另外也有小的彌勒佛像，讓信徒迎回供奉。

祭拜方式及禁忌：

北海財神廟占地廣大，到停車場停好車後，要先上二樓，祭拜天公爐、玉皇上帝、三教聖尊、三太子、及其他神明，再往後山向神樹公祝禱，最後才下到一樓，由左至右，祭拜各路財神及彌勒財神。據廟方表示，最後才祭拜財神爺的寓意，是離開廟的時候，要帶著財氣，帶著福氣離開！

廟裡有結緣八卦鏡，可向廟方求取後，誠心向神明祈福。若是祈求財運，則回家後用紅色油性筆，在鏡子中寫下「財運亨通」；若是業務人員或金融業者希望拓展人脈，則在祈福後，回家寫下「廣結善緣。」平日將八卦鏡放在皮包裡、或掛在車上，可增加自己的福氣跟運氣。另有發財符等強運物品，可向廟方詢問。

求財三法：

1. 助財運：由十路財神爺聖筊指示補財庫科儀（寄天庫、還地庫、補水庫），或是隨喜添油香積福報。
2. 求開運錢母：錢換錢母大發財，錢母生錢子，此錢母為財神加持過。
3. 安財神斗：拜斗為道教科儀中為個人元神添補財運的儀式。

祭拜注意事項：

求財忌「貧」（求財不拜蘋果），發財好運需鳳梨（寓意「旺來」），發糕（寓意「步步高昇」），五種水果（寓意「五穀豐收」、「豐衣足食」），且神明無法為不孝順的子女助財。

供品方面，則視個人經濟狀況能力而誠心準備。

各路財神祭拜特點：

拜黃大仙需準備龍眼乾及南瓜（金瓜），意思是福壽得財，富貴吉祥。

祭拜韓信爺時，據傳韓信爺愛吃甜食，故祭拜時應準備冬瓜糖等，也可另外準備煙、酒、象棋等等。祭拜漢信爺不可有蘋果（貧）、或者核桃酥（輸），此外韓信爺不庇佑心術不正之人，老千詐欺之徒切莫參拜。

祭拜神農大帝，不可有牛肉、牛肉乾、牛肉罐頭等任何牛肉製品。

周邊景點與美食推薦

富貴角休憩區——內有富貴角燈塔，不開放入內參觀。沿濱海步

供奉諸多神明的聖明宮，號稱神明便利廟

道，可觀賞風稜石、風剪樹等特殊景觀。夏季時綠色海藻長滿岸邊礁石，是台灣唯一綠石槽美景，吸引很多攝影同好來拍照，也是婚紗業者熱門的取景地點。

風箏公園——位於濱海公路上，在轉進北海發財廟的路口前，是台灣第一座風箏公園，每年九月在此舉辦國際風箏節，非常適合風箏同好、或帶家人同遊！

豬槽潭及青山瀑布——經過北海發財廟，沿老梅溪往上游走，會先經過豬槽潭，然後抵達青山瀑布兩個景點，都是未經人為破壞的溪谷。公所有修建一條步道，可抵達瀑布，環境相當清幽，在參拜完後，可來此地健行。溪水清澈冷冽，愛茶者可取一些溪水回去泡茶。

此地美食則有富基漁港海鮮、淡金公路沿線石花凍、北海肉粽、燒酒螺、花生、跳石芋頭等等。

廟宇資訊

北海發財廟
（石門代天府聖明宮）

地址：
新北市石門區山溪里8鄰大溪墘9-3號

電話：
（02）26383216
（02）26380636

遠眺北海，心曠神怡

石碇五路財神廟

廟史沿革

石碇五路財神廟的創建，頗有靈異。創辦人許先生是一位修業甚深的道士，某日睡夢中夢到一位金身金面的陌生神祇，以一位道士而言，夢見不認識的神明是很奇怪的事。不久之後，許先生到大陸旅遊，在峨嵋山寺廟中，居然看到托夢給他的神明聖像，這位神明就是武財神趙公明元帥。

這位趙公明元帥是金身金面，跟台灣常見的黑臉玄壇趙元帥趙不同。許先生感佩恩緣，於是從峨嵋山報國寺恭請趙元帥分靈來台，原來奉祀在樹林一間三十坪左右的鐵皮屋小廟內，而後顯靈無數，信眾絡繹不絕，香火越來越旺。

後來許先生夢見武財神托夢，希望許先生能擴建廟宇，但是許先生個人能力有限，只好在廟中貼出公告請大

五路武財神之首趙公明元帥

家幫忙。之後有一位信眾願意捐出一塊位於石碇的山坡地，許先生來勘察時，發現的確是一塊風水寶地，後有山前有水，面對的就是石碇元寶山，是絕佳的聚財寶地，於是建廟於此，成為北台灣非常受歡迎的財神廟。

招財納福

石碇五路財神廟的建築特色就是金碧輝煌，到處都有元寶，連梁柱上都是以元寶來作裝飾，雖然跟紅色系為主的中和烘爐地財神殿不同，但同樣感受武財神的威靈。停車場場上去第一層樓奉祀武財神趙公明、其麾下東南西北四方天官財神、以及虎爺；第二層樓則是觀音殿、斗姥殿、以及正一元壇。

求發財金

這裡求發財金的儀式很簡單，向財神爺報告自己姓名生辰住址後，告知財神爺自己求發財金的目的，只要擲到一次聖筊就可以去旁邊桌上領二十元發財金，不要忘記拿發財符，登記姓名地址後到香爐上過三圈就可以；如果自己再加放148元，湊成「一路發」發財金，據說財運會更旺。

換錢水，賺大錢

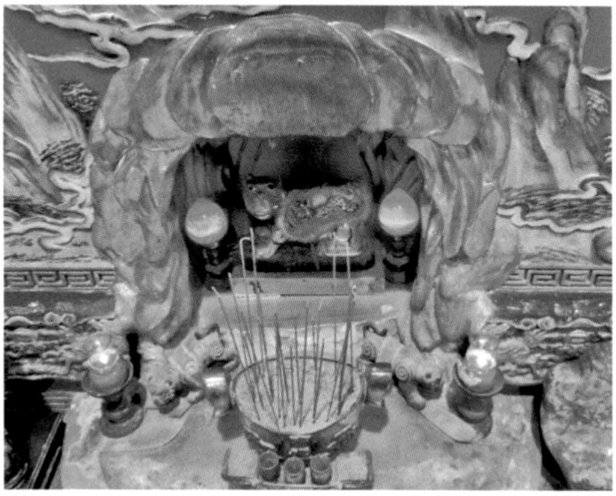
趙元帥座騎黑虎爺

跟虎爺換錢水

其實跟其他廟宇的「換母錢」、「大錢換小錢」意思一樣，只是這裡是跟虎爺換錢。母錢放在虎爺前面有水的元寶壺裡，叫作水錢，象徵錢如流水一路來。換錢水很簡單，向虎爺報告姓名生辰住址及行業，誠信祝求虎爺賜與母錢，然後放超過一塊金額的硬幣跟虎爺換錢。這一塊錢要收好，它是虎爺賜的好運錢。

補財庫與祭解

財神廟這裡群山環繞，財氣凝結不散，前有小溪經過，財運源源不絕，是補財庫的風水寶地。財神廟補財庫的儀式並不繁複，廟方左邊有販售部，在這裡買庫金跟敬品餅乾以後，在疏文上填上自己姓名，擺在供桌上向神明參拜，姓名正面要向財神，財神才能讀到你的資料，然後在通天爐那邊燒掉疏文，再把庫金拿去大金爐燒化就可以。

廟內會舉辦祭解儀式，據說非常有效，具體細節，請向廟方聯繫，隨時都有服務人員跟您解說。

三層大元寶及龍壁

廟內有三層大元寶，隨喜提供香油錢，像撲滿一樣。添香油錢後，向神明祝禱，摸摸大元寶，財神會保祐財氣旺來。廟內第十二個上香點就是許願龍池，池水是引用廟旁潺潺不絕的溪水，象徵財運不斷；池後壁上有金龍，池邊池內有三十六個元寶，六六大順壯財運，任何一個方位都可許願，來此參拜可以一試。

周邊景點及美食介紹

來到石碇五路財神廟參拜，除了順路可以到石碇風景區旅遊外，不遠處的深坑也是值得一去的旅遊勝地；深坑老街，除了豆腐有名，老街內有一些文創產業店，有不少頗具創意的商品，來這裡慢慢逛逛，常會有驚奇之喜，老街入口處，會有小販販賣當地農產品，都是當天現採，新鮮又有特色。

來深坑老街，當然不能放過裡面美食，包含臭豆腐等等的豆腐料理，滷桂竹筍、白斬雞、山苦瓜、珠蔥、鹹豬肉……這裡的草仔粿風味獨特，不可放過；豆腐冰淇淋也是特色，不可不嘗。

如果早上來五路財神廟參拜，中午可在深坑享受美食，如果有小孩陪同，那麼下午可到山腳下的動物園走走，開開心心一日遊。

廟宇資訊

石碇五路財神廟

地址：
台北縣石碇鄉永定村大湖格路20之1號

電話：
（02）2663-3372

石碇仙石府 劉海蟾祖

廟史沿革

仙石府劉海祖師廟的歷史並不很長，但其開建起源頗有傳奇性。仙石府位於著名的石碇五路財神廟及姑娘廟對面，民國九十年納莉風災時，石碇地區受損嚴重，土石流沖刷了現在宮主曾先生的祖屋，也把祖屋旁的土地公廟沖刷殆盡。

曾先生在整理家園時，發現被沖毀的家厝前，有三顆造型奇特的巨石，其中一顆像劉海蟾祖師座下三足金蟾，一顆像普賢菩薩的座騎六牙白象，一顆像是文殊菩薩的座騎青獅。有一天曾先生夢到有一個道人拿著金錢串戲弄蟾蜍，於是想起道教神尊中劉海蟾祖師的由來，又因當時沒有主祀海蟾祖師的廟宇，於是發願建廟至今，成為台灣著名財神廟之一。

賜財眾生劉海蟾師

招財納福

仙石府主要供奉劉海蟾祖師、池府千歲、虎爺、及山神土地公，一樓在金蟬石下的入口處，有供奉賭神韓信爺，旁邊有許願池！廟方希望大家都能持歡喜心來敬拜，心存歡喜心，喜神跟著來；喜神相隨，福神跟著來；福神相隨，財神跟著來。

仙石府所在是風水寶地，附近有財神廟及姑娘廟，都是香火鼎盛。仙石府內可以求得一元發財母錢，放紅袋裡面掛在車上，可祈得財運亨通，財源廣進，財喜盈門；也能放在收銀機或錢櫃裡，可祈得五路進財，聚財旺財，財庫填財。

另外可求發財金，只要向神明祝禱，然後擲筊，神明同意後，就可以求得發財金。記得這個發財金不可拿來賭博或購買彩券，這是給我們求正財用的。

另外在仙石府最受歡迎、也是最靈驗的，是「補庫金」與「求金蟾」。「補庫」是指補一個人的財庫，財庫分「天庫」、「水庫」、「地庫」，象徵「還前生債」，「享今生財」，「積來生福」。

石碇吊腳樓一線天倒入口

石碇仙石府劉海蟬師祖廟

三足金蟾則是劉海蟾師的座騎，又稱咬錢蟾蜍，是民間很受歡迎的吉祥物。咬錢蟾蜍的放置方向要向室內，象徵把錢咬進來，若是開餐廳或其他營業場所的，則與入口成九十度，面對已經走進門內的客人，象徵咬住客戶不會跑。

周邊景點及推薦美食

仙石府位於石碇往平溪方向106號線道55.5公里處，走上106號道以後就是一條路，非常好找。106號道是山區道路，綠意盎然，空氣新鮮，是很多單車族騎車健身的熱門景點。

來此參拜後，往回到，在106號道上山起點處左轉，則可以抵達石碇，沿溪邊的吊腳樓，走進不見天老街，建築相貌依然保持良好，裡面有當年沿著山石開挖出來的百年石頭老屋，現在已經開放參觀，溪流生態保護極佳，可以下溪戲水餵魚。

吊腳樓街入口處的幾家小吃店都不錯；美美小吃的的炸香菇，以及這裡販售的傳統手工麵線，都很美味。特別推薦陳家豆腐味，這裡有豆腐冰淇淋、豆腐蛋糕、豆腐提拉米蘇，口味很獨特。石碇的豆腐，風味極佳，大家可以來品嘗！

吊腳樓旁清澈小溪，戲水餵魚樂趣多

廟宇資訊

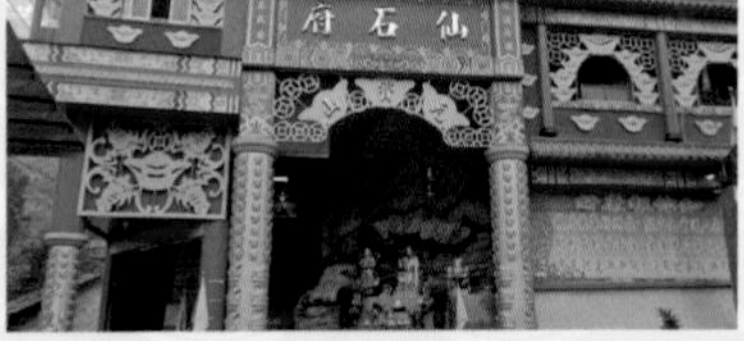

石碇仙石府 劉海蟾師

地址：
台北縣石碇鄉永定村大湖格路20之1號

電話：
（02）2663-3372

中和烘爐地南山福德宮

廟史沿革

在北部地區，不知道中和烘爐地土地公的人大概不多。「烘爐地」是「南勢角山」的俗名，位於中和及新店交會處。在清朝乾隆四年，原籍福建詔安的呂姓茶農，在這裡開墾了七十多頃的茶山，在開闢過程中發現三塊石板，於是恭請土地公福德正神香火，與一個陶製的香爐，簡單蓋了個小廟供奉。

當時由於上山工作的關係，長輩會帶便當作午餐，工作時就把便當擺在供奉土地公的三塊石板上，結果到中午用餐時，便當居然還是熱的，沒有被山風吹涼。於是，這裡土地公旺福的事蹟逐漸在鄉間流傳開來。

後來由於土地公的靈驗事蹟頻傳，上山參拜的信眾發

天官五路財神橋

現小廟容易遭到風雨破壞，附近野狗野貓也多，於是建造了一間石製小廟；在民國六十年再度擴建廟宇，並開闢山路；而這裡最有名的土地公神像，則是在民國八十五年設立。

原本在大土地公像下方，是神像博物館，收留了眾多遭難的神明聖像。但在民國九十九年時，經管理委員提議而改設五路財神殿，並加上各色LED燈光投射，為新北市夜景，平添炫麗色彩。

主祀神祇

烘爐地福德宮是以供奉土地公為主，這裡的土地公相當靈驗，頗受歡迎。除了土地公外，由於廟址位於南勢角山，所以也供奉了山神星君，以保祐國泰民安。此外有註生娘娘，保祐未生育者早生貴子，也保祐有子嗣者的子女平安長大，未婚者能找到好姻緣。

新建的五路財神殿則供奉五路武財神、文昌帝君、及月老星君，這裡的中路財神趙公明，是金身金面，相貌和藹，與傳統黑臉長鬚的威猛外貌很不相同。太歲殿則供奉了斗母天尊、以及六十位太歲星君。

拜土地公的貢品，廟旁就有賣

山頂土地公廟小吃部，價格平易近人

招財納福

烘爐地五路財神殿中，有一尊由台灣名雕塑家王秀杞教授雕塑的土地公銅像，也是台灣第一座由電腦控制，為民眾提供「大錢換母錢，母錢賺大錢」的電子神像。程序非常簡單，你只要帶著虔誠的心向土地公祝禱，從元寶處放入大錢銅板，摸摸土地公的鬍子，求福氣長壽；摸摸土地公的拐杖，求步步高昇；再摸摸土地公手上的元寶，求財運亨通；最後在土地公的袖口拿到一塊錢硬幣的錢母。錢母可以放在錢包裡、或者收銀機裡面當發財金補財庫，保祐信眾「一本萬利，小錢賺大錢。」

廟裡有「時來運轉開運元寶」，不要忘記去摸一摸、滑一滑，表示氣象一新，運勢翻轉！不要錯過！氣勢恢弘的財神殿，供奉五路財神、文昌帝君、以及月老，保祐信眾財運亨通，加官晉爵，婚姻美滿。

廟方新設有「天官五路財神橋」，如果財運不順時，可以來走走財神橋，轉換一下運勢。先點一柱香，歡喜添加香油錢，然後向神明參拜並祝禱，拿著香通過五路財神橋，下橋經過迎福門時，不要忘記敲一聲鐘，把諸多不順都拋在橋的另一邊，出來後把香插進香爐就完成了。

蓮花祈願池在財神殿右側，池內供奉青龍鎮守，旁邊有招財金鑼，祈願祝禱後，把硬幣投向金鑼，敲

蓮花祈願池

響鑼聲，神明會保祐你心想事成。

周邊景點及美食推薦

烘爐地土地公廟位於海拔三百公尺的南勢角山上，視野開闊，是大台北地區觀賞夜景的好地方。土地公廟是二十四小時開放，許多信眾晚上來還願時會施放煙火，頗為壯觀。從財神殿旁走上福德宮山門，也是很受信眾喜愛的健行地點。

從山下南勢角捷運站走出來，就是大名鼎鼎的南勢角夜市，而離捷運站四號出口約七、八分鐘路程，不遠處的華新街，是台灣著名的泰緬街，這裡有非常道地的泰緬料理及雲南料理，饕客們千萬不可錯過！

廟宇資訊

中和烘爐地南山福德宮

地址：
台北縣石碇鄉永定村大湖格路20之1號

電話：
（02）2663-3372

遠眺新北，霞光映照

松山霞海城隍廟財神殿

廟史沿革

松山霞海城隍廟的歷史相當悠久，位於台北市八德路四段。在西元一八九二年，也就是清朝道光年間，一位經常往返大陸及台灣兩地的商人呂來興先生，為祈求海上平安，每次出航都奉請霞海城隍爺隨船保護，次次都能順利，而且生意越來越興旺。因為感念聖恩，他特別回家鄉泉州奉請城隍爺金身來台，敬祀在自己位於繞河街的店鋪中，附近居民跟往來商客聽聞這裡的城隍爺可保航海平安助人、經商致富的消息，都前來參拜，從此香火鼎盛！

而後在民國六十四年，由於都市計畫的關係，要拓寬饒河街，為保存這處重要的地方信仰中心，做由地方士紳募捐，於目前八德路四段的現址興建新廟，稱為「松山霞海城隍廟」。並在民國九十八年，經城隍爺降示，增設「財神

金身金面五路武財神

殿」及「月下老人」殿，庇佑信眾：「發財保平安，結成好姻緣。」

祭祀神祇

松山霞海城隍廟供奉的財神是五路武財神，也就是大家熟知的中路財神趙公明、東路財神招寶天尊、西路財神納珍天尊、南路財神招財使者、北路財神利市仙翁、以及趙公明的坐騎黑虎爺。

松山霞海城隍廟有一個很特別的儀式，在每年正月初五那天，請人扮演財神，讓信眾摸財神鬍子。

據說曾有一位股民，因為股票被套牢了，資金周轉不靈，相當苦惱，當他來廟裡拜財神爺的時候，也不知什麼靈感，他拔了一撮財神爺的鬍子隨身攜帶，沒想到這麼靈驗，居然幾天之內，他持有的股票陸續開出紅盤，不但資金問題解決，還賺了一筆。消息傳出後，很多股友來廟裡偷拔財神鬍子，廟方苦惱之餘，才想出正月初五讓民眾摸財神鬍子的辦法。同時初五那天上午九點，會同時舉辦發財神紅包的活動，讓信眾把財運帶回家。

絕對不能摸財神爺的鬍鬚

虎爺招財燈及招財元寶

如同一般台灣道教廟宇，松山霞海城隍廟供奉的神明很多，像祭解、消災這類科儀也很多，我們單就關於求財的儀式作介紹。

補財庫

很多財神廟都能幫信眾補財庫，財庫有三：「寄天庫」、「還地庫」、「補水庫。」今生所行善德，寄存「天庫」，以待來生享用，也就是所謂的「天庫寄補來生用」，「地庫」是指我們前生或有功德，或有冤親債主業障，兩相抵銷後，也許有欠缺，所以此生要還地庫，以保事事順利，遠離小人災劫。「水庫」是指今生的財庫，所以要保今生財富，就要補水庫。

一般相信，補財庫還是以道教科儀為上，由道長法師在適當時機，奏疏財神跟押運補庫。而補庫的最佳時日，為農曆正月初五接財神日、農曆三月十五中路財神趙公明元帥聖誕、以及農曆十月十五下元水管聖誕。松山霞海城隍廟平日都有辦理補財庫，但在這三天會辦理法事，為信眾求財補庫，法事有限定參加人數，報名要趁早！

財庫燈及財運燈

松山霞海城隍廟的財庫燈，在房仲業界頗有名氣。據說，曾有一位業務員，每次房子都要簽約了，卻總是橫生枝節，失去機會，他來到這裏財神殿拜財神，把身上僅有的兩千元點了一盞發財燈，結果兩個月後，這位業務員回來答謝財神，因為這兩個月內，他完全轉運了，簽下不少合約，財運完全改觀！後來他不但常來拜財神，也帶同事一起來。

一般來說，財庫燈可鞏固財運，有些人很有機會賺錢、但總是賺不到錢，或者有賺到錢、卻守不住錢，就會來點財庫燈鞏固財庫。另外有求正財的財神燈，以及求偏財的招財虎爺燈，都很受信眾歡迎。

禮斗法會

一般信仰中，人的生命氣運，跟天上星辰有關聯，星辰運轉之間，對不同生辰時日的人，難免會有沖煞，於是要改禍為福，就要禮敬掌管星辰的眾星之母「斗姥元君」，或稱「斗母元君。」

這裡的禮斗法會分春秋兩季，春季禮斗是農曆五月初九、初十、十一；秋季禮斗是農曆十月十二、十三、十四。參加拜斗儀式是祈求：事業順利成功，招財補運，保祐闔家平安，身體健康！

黑面武財神趙公明元帥

發財金

霞海城隍廟的財神殿，可以祈求發財金，據說相當靈驗。求取儀式也很簡單，先告知財神爺跟虎爺自己的姓名生辰地址、以及發財金的用途，就可以憑證件跟廟方求取六百元的發財金，拿到發財金後要到財神殿的香爐前過三圈，還金時連同借金的發財袋，上香感謝財神爺保祐，並且告知還金的金額就可以了。

一般信眾運用發財金的方式，可以放辦公桌抽屜或收銀台裡面，讓財神爺保祐生意興隆；也可以放皮包裡，祈求業務順利；或者存進銀行，存小錢賺大錢。

周邊景點與美食推薦

松山霞海城隍廟位於台北市八德路四段，在台北市區內，離饒河夜市相當近，傍晚來參拜後，千萬不可放過夜市美食；而經過松山火車站，就是大名鼎鼎的五分埔，各種服飾包包、流行商品，會讓你逛到腿軟；也能走到市民大道上，這裏有相當多特色料理。

廟宇資訊

松山霞海城隍廟財神殿

地址：

台北市松山區八德路四段439號

電話：

（02）2765-52046

（02）2766-0922

廟旁就有金紙鋪，方便又快速

北投關渡宮

廟史沿革

「關渡宮」建立的時間相當早，其實最開始是主祀媽祖的媽祖廟，是台灣三大媽祖廟之一，與「嘉義北港朝天宮」，「鹿港天后宮」，並稱三大媽祖宮。在清朝諸羅縣誌的記載中，清康熙五十一年廟宇就已存在，康熙五十四年重修，建材均由廈門運來，原址在現今關渡宮後方靈山上，稱靈山寺，而後再遷移到山麓。

清乾隆年間才在現今廟址建立大廟，以目前廟內所存古蹟顯示，當時捐助的人士，除了早期定居在此的漢族居民，還有較晚期閩粵移民，以及漢化較深的平埔族原住民，是重要的信仰及民眾生活中心；清光緒年間中法戰爭，居民祈求神明庇佑助戰，光緒皇帝還在戰後頒賜「翌天昭佑」匾額褒獎。

媽祖娘娘護眾生

甲午戰爭後，台灣被割讓給日本，民間多有反抗，此時關渡宮僧人及信眾也加入抗日行列，在光緒二十年，西元一八九四年正月，日軍攻抵關渡，縱火焚燒廟宇，當時八里居民渡河搶救媽祖聖像，並遷移到八里觀音山供奉，亂平後才又請回關渡敬拜。

在日據時代，關渡宮陸續重修擴建；台灣光復後，最重要的改變，是在民國五十年代淡水河拓寬時期，由於河道拓寬後，關渡宮有被淹沒的風險，所以廟方管理委員會決議，在原址將媽祖正殿地基墊高，並擴建廟宇，逐漸形成現在的面貌。

民國六十年代再經增建，最為人所知的是古佛洞；古佛洞長三十多公尺，原來是早期關渡宮僧侶靜修禮佛之地，日據時代再挖深到一百多公尺，作為防空洞使用。民國六十二年則沿原洞方向，打通到現在知行路旁山麓上，向著淡水河岸建立千手觀音聖殿，祈求千手觀音保祐國泰民安，風調雨順。

古佛洞興建時，也因應未來發展計

觀音菩薩旁彌勒財神

畫，建立新建築；於是廟方於民國七十年代，在現今知行路關渡宮停車場畔，興建凌霄寶殿，並開挖財神洞連接關渡宮正殿；而後又陸續完善周圍措施，除了增建圖書館外，也整建廟外停車場及香客大樓；在配合淡水河岸整治計畫後，關渡宮的自行車步道，觀景平台等等，規畫管理都相當完善；三百年歷史的關渡宮不但是北部居民的信仰中心，現在更是北台灣居民熱門的休憩景點。

招財納福

媽祖娘娘是漁民與海商的守護神，保祐靠海為生的百姓行船順利，衣食無缺；媽祖娘娘慈悲，救苦救難，然而行商的生意人難免遇到困難，於是來到關渡宮祈求媽祖娘娘庇祐，能夠順利渡過難關；在過往的年代，台北地區的命脈是淡水河，從河口可一路上行到現今大稻埕迪化街，及基隆河饒河街一帶，沿岸商家均敬拜媽祖，關渡宮已經成為商人祈求平安財富的廟宇。

一直以來，關渡宮都有很多政商人士來參拜或參觀，包括前總統蔣中正先生、嚴家淦先生、李登輝先生、陳水扁先生、馬英九先生，前行政院長郝伯村先生、蘇貞昌先生等；據說鴻海董事長郭台銘先生，除了板橋慈惠宮外，也會來關渡宮參拜。

鎮洞寶臼招福財

自從民國七十年代財神洞落成後，關渡宮也有了財神廟的功能，財神洞入口在正殿旁邊，出口在知行路停車場對面，但一般開車來的信眾多從停車場這邊進入，門口是福德財神，洞內有文比財神（文財神比干），季倫財神（金財神石崇），武明財神（武財神趙公明），以及萬山財神（招財王沈萬三）；財神洞正殿則供奉賜福天官，為大家帶來福氣財氣！財神洞內可以申請祭解等道教科儀，消災解惡。

正殿另一側有古佛洞，入口旁有種福池，就像西方的許願池，誠心祈禱後投入硬幣，據說可以帶來福氣。古佛洞洞口的鎮洞寶臼，左摸三圈，右摸三圈，投入硬幣，據說可以招財；從入口開始，古佛洞內供奉緊那羅王，金孔雀王，帝釋天等二十八尊天王，在進入觀音殿前，則是供奉韋馱菩薩，觀音殿內兩側則是多聞天王、廣目天王、持國天王、增長天王等四大金剛，中央是千手觀音。

在關渡宮參拜，沒有什麼特別的儀式，注重的就是「心誠則靈」；由於關渡宮不只是信仰中心，也是觀光區域，所以廟內準備了清楚的導覽，一共六個爐，依次參拜，有疑問則可以求籤、擲筊祈問神明，若是求財，財神洞中可點財神燈，據說相當靈驗。

許願種福池

財神洞入口

周邊景點及推薦美食

關渡宮周圍就是關渡風景區，以關渡宮為中心，可以沿關渡路走到水鳥自然公園，這裡可是觀鳥客必來拍攝的地點，沿關渡河濱自行車道，則可到紅樹林保護區；往淡水河下游，則是水岸公園，淡水河流域近年來的整治相當有成效，關渡宮周邊區域，擁有都會區少見的豐富生態，值得一遊。

關渡宮財神洞出口旁，設有古早美食街，各色佳肴值得一試，路旁有販賣三味蛋的商鋪，因為特殊的製作方式，蛋黃是鹹蛋，蛋黃周圍是茶葉蛋，蛋白部分則是皮蛋，非常特別。假日時候，常有小攤販賣各種小吃，一位關渡阿嬤的攤子，賣着豬血糕及烤鳥蛋，相對於台北市區幾乎半價的豬血糕，非常實在，口味傳統，不像一般豬血糕沾滿了酸辣的醬料，阿嬤的豬血糕，是淡淡的花生香配着剛好的醬油及香菜，是懷念的古早味……。

廟宇資訊

北投關渡宮

地址：
台北市北投區知行路360號

電話：
（02）2858-1281

不能錯過傳統口味豬血糕

八里五福宮

廟史沿革

在諸多財神廟中，八里五福宮雖然歷史不久，但香火鼎盛。五福宮於民國七十五年開基，因為當時八里地區人口稀少，經濟發展遠不如對岸的淡水，所以地方人士特別恭請北港武德宮武財神趙公明分靈至此，並由信眾捐獻而建廟。建成之後，八里地區由於交通建設陸續完成，淡水河沿岸整治開發，經濟發展迅速，已不可同日而語；地方人士都認為，財神的保祐功不可沒。

五福宮雖然建成不久，但建築極為精細講究，廟內藻井梁柱與廟外飛簷雕塑，相當可觀，假日時常吸引不少人來此處寫生。廟外天庫財神爐高達36台尺，是古代燈缽造形，名為「天庫」，爐頂為宮殿式八角飛簷造型，燕尾處有八方招財童子矗立；外壁則依神尊指示，雕塑了除趙公明之外的

正殿五路財神

三十五天官財神，基座則有五路運財寶車，象徵把財富運給信眾，非常具有特色。

八里五福宮，也稱八里五路財神廟，主祀以玄壇元帥趙公明為主的五路武財神、虎爺，配祀註生娘娘、福德正神、山神、五營兵將；二樓太歲殿供奉斗母元君，二樓財庫殿除了供奉武財神趙元帥外，另外供奉文昌帝君、以及月老元君。

招財納福

除了一般參拜神明外，五福宮也能求取「發財金」跟「平安燈」。這裡的發財金有祈求財富的求財金、添補個人或公司行號財庫的五福求財金、跟保祐闔家平安的財神平安金。在購買發財金後，要在疏文上寫下自己的姓名生辰及地址，並依男左女右，蓋上指印，然後放在香案前，疏文的姓名要朝向財神方向，然後才去上香。

上完香後，在等待燃香的時間，可以去外殿招財進寶童子處，摸摸他們手上的元寶跟寶珠，沾點財氣，記得跟他們大錢換小錢，回去賺大錢。可以買一個招財添庫袋，裡面除了有招神符、平安符、跟護身神像外，廟方還贈送

武財神求財氣

六個由財神爺加持過的硬幣；也可以點一盞財神平安燈，為全家招財祈福。

燒化金紙時請注意，財神平安金可以分開燒化，求財金跟五福發財金則不要拆開，不要拆封，一份一份燒化，才不會散了財氣。金紙外盒請折疊後丟棄，讓慈濟來回收。

五福宮可以祈求開運寶袋168轉運金，要先請財神爺同意你的祈求，再跟廟方結緣。求得寶袋後，拿出裡面的卡片，唸出上面的通關密語三次，然後把寶袋拿到廟中主爐處，左轉三圈，右轉三圈，請財神保祐。裡面的168元發財金，要存入自己戶頭，然後把賺來的錢，放一部分到寶袋裡面，象徵「多轉、多賺、多發財」。據說，放寶袋裡面的錢絕對不要少於168，放多少都可以，會增強運勢。

二樓財庫殿有財神祈願坊，可向廟方結緣後，將許願牌安放在那裡，祈願坊正對著財神，日夜保祐，協助您實現願望。

周邊景點與推薦美食

五福宮位於八里渡船頭2號，一下山過龍米路與渡船頭路交叉口，旁邊

八里老街

八里渡船頭

就有停車場，走過停車場就是渡船頭，也可在停車場租用腳踏車遊覽淡水河沿岸風光，雙心石滬在退潮時可以看得很清楚。

八里渡船頭這邊最有名的八里老街，特色小吃是「奶油雙胞胎」跟「孔雀蛤」，目前孔雀蛤有好幾家，口味都不錯，料理方式也不少；奶油雙胞胎經常要排隊，大家要有耐心；八里特產魩仔魚羹跟魩仔魚煎蛋，還有別的地方不容易吃到的超巨大炸魷魚，不可錯過。

參拜之餘，也可到十三行博物館逛逛。或者選擇附近的米倉國小，那是著名的特色小學，如果有帶小朋友來，裡面的魔法學院，會讓他們玩得很開心。米倉國小內的小米蟲咖啡，是很有名的單車休息站，只在週六日營業；如果您來的時候天氣不錯，建議您待晚一點，到情人碼頭看看淡海夕照，吃吃海鮮，是難得的享受；最後強調，酒後不開車！

大天爐

廟宇資訊

八里五福宮

地址：
新北市八里區渡船頭路2號
電話：
（02）26101895

南崁五福宮

廟史沿革

國家三級古蹟，位於桃園南崁市區內的「五福宮」，是台灣最早供奉「玄壇元帥趙公明」的廟宇，也是台灣最早的武財神廟；明朝永曆年間，鄭成功征伐北台灣時，於目前五福宮的現址，安奉玄壇元帥趙公明的神像祭拜，永曆十九年時，由鄭成功之子鄭經建廟於此，敬稱「元帥廟」。

「元帥廟」在清朝屢次修整擴建，規模日益擴大，同治年間改名「五福宮」，除了「玄壇元帥趙公明外，兼祀「觀音佛祖」、「關聖帝君」、「哪吒太子」、「天生上母」、「福德正神」等神祇。

日據時期大正十三年，台灣遭遇大風災，廟宇損壞

神威赫赫趙元帥

嚴重，於是在地方士紳的努力下，集資重建了五福宮，有前中後三進，正殿氣勢宏偉，廟中宮柱，飛簷畫棟，都是藝術品，門窗四壁是精緻的漆畫，正殿左右壁堵及龍虎壁堵，是泉州交趾陶大師「蘇陽水」的作品；目前五福宮的樣貌，就是奠基於這次的修建，廟內古蹟至今保存良好，交趾陶蘇大師傳世的作品不多，來廟參拜之餘，請不要千萬不要錯過這古廟建築之美。

「五福宮」內有一個特殊的「使者公蛇洞」，也跟這次修建有關；據說在明朝永曆年的時候，廟邊就有神蛇出現，在做醮時會依據鼓聲蠕動，也不會攻擊人畜；「五福宮」在大正十三年整修時，發現地基底下有蛇穴；新廟落成時，蛇群在廟前聚集後又突然不見，居民大為稱奇，認為這些蛇是玄壇元帥的部將，稱祂們為「使者公」，又怕這些「使者公」驚嚇到來此進香的香客，於是在後殿建立「使者公蛇洞」來供養。民國六十六年曾改建一次，現在的「使者公蛇洞」是在民國九十六年建成，天氣好的時候，還可以看到神蛇盤據，吸引很多信眾拍照留念。

台灣光復之後，「五福宮」亦在廟方及地方人士的努力下，多次整修擴建；民國七十年間，為保存這個重要的文化遺產，「五福宮」被指定為三級

正殿玄壇元帥

使者公蛇洞

文化古蹟，直到今日，「五福宮」香火傳承不斷，依然是地方信仰中心，也是信眾很多的武財神廟。

招財納福

來五福宮參拜，第一個要注意的是不得攜帶寵物進殿，以示對神明的尊敬；另外，為了減低碳排放及金香燃燒時的污染，廟內已經禁止使用「大香」跟「蠟燭」，如果要捐獻清香的話，用一尺三的香就好，不必特別選擇敬拜神明用的一尺六香，參拜時每爐一枝香即可；廟方也希望信眾燃燒金紙能適量，心誠則靈。由於五福宮敬祀的神明庇佑地方，周遭地區發展的相當繁華，為避免造成居民困擾，還希望大家來五福宮祈福時，能夠配合廟方措施。

五福宮的鎮宮之寶，是道光三年時建造的「香爐」，周邊有金錢雕飾圖像；一九二五年（民國十四年，大正十四年）時，因颱風損毀而重建的新廟落成，因舊爐不敷使用，廟方另建了新爐；時年正逢金雞年，據傳，當年瑞氣靈動，故將天爐請到正殿，受到武財神趙元帥加持而靈氣大發，曾吸引各方異士來此，財神爺當下開示，重新加持開爐；來五福宮別忘了跟天爐求個財氣，敬香完畢後，先將手掌在主爐上過個爐，轉三圈，然後把手掌放在天爐的金錢圖上，順時針摸一圈，摸到開始的那個金錢圖上，一把抓起財氣放進口袋裡，增財氣，添財運。

鎮廟天爐招財氣

跟其他敬祀武財神趙元帥的廟宇不同，「五福宮」的玄壇元帥聖誕是農曆的三月十六，比其他廟宇晚一天；這有個很神奇的故事，趙元帥的聖誕原是農曆三月十五，但在一次祝壽大典中，廟裡供奉的趙元帥居然不見了，廟方人員心急如焚，神明不在，大典也就辦不下去，結果隔天發現，廟門口有神轎跟神尊一座，還有四個大漢倒在地上；而後，宜蘭傳來消息，當地也有廟宇舉辦玄壇元帥聖誕慶典過火儀式，就在儀式當天，玄壇元帥突發神威，押著神轎飛奔回到南崁五福宮；因為這樣的神蹟，從此「五福宮」明定三月十六日，為慶祝主神玄壇元帥聖誕千秋的紀念日。當日舉辦過火儀式，家中敬拜的神明，也能請來一起過火，袪除霉氣，祈求安康。

周邊景點及美食推薦

離五福宮不遠，同是桃園蘆竹區的中正路羊稠巷內，有「羊稠森林步道」，整個步道建立在平坦的丘陵上，全程約3公里左右，花木扶疏，走到最高點，視野開闊，是很合適踏青的地方。

每個禮拜週二、五、六，是五福宮前夜市開市的時候，如果您在下午前來參拜，車子要停遠一點；五福夜市美食不少，潤餅、烤魷魚、招牌滷脆腸、平價牛排，都值得一試；近年來五福夜市多了一些大型遊樂設備的業者進駐，小孩會玩的很開心。

如果時間充足，也可安排到石門水庫吃活魚，或安排到海邊永安漁港走走；非假日期間，車程在一個鐘頭左右，一定不會讓您失望。

廟宇資訊

南崁五福宮

地址：
桃園蘆竹區五福路一號

電話：
（03）3227909

桃園新屋八路財神廟

廟史沿革

「桃園新屋八路財神廟」在民國八十九年成立，在台灣眾多財神廟中，廟史不算悠久，但卻是信徒頗多的一座財神廟，敬祭的神明也相當多元，很受信眾歡迎。

八路財神廟的開創，頗有故事性，創辦人曾先生是高雄旗山人，家中以製造販賣金銀紙為業，篤信佛教，生意興隆；在曾先生繼承家業後，適逢兩岸開放，大陸廉價金紙香燭大量傾銷來台，曾先生的事業頓時一落千丈，幾乎破產；曾先生苦惱之餘，決定到大陸走走散心，也看看有沒有別的機會。

在曾先生旅遊到深圳時，遇到一位老先生，聊天之餘才知道彼此是金紙業的同行，老先生知道曾先生的困

正殿武財神趙公明元帥及黑虎爺

境，特別約曾先生到家中傳授「八路發財金。」曾先生誠心祝禱，連續三天，擲出八次聖筊，終於得到財神爺應許，並由老先生給予版模並傳授製造口訣；曾先生回到台灣後，特別還到台北指南宮祈求玉皇大帝恩准，在台灣開始販售八路發財金，果然大受歡迎，曾老師也因此事業興隆，財源滾滾。

有一天，曾老師在店中休息時，夢到八路武財神告知，希望曾先生能建廟祭祀，以示神恩浩蕩；曾先生於是將銷售八路發財金所得財富，建立了八路財神廟，民國八十七年在旗山建成，八十九年則在桃園新屋及澎湖馬公，各建立了一所八路財神廟。目前曾先生為新屋財神廟負責人，繼續財神爺的香火。

「新屋八路財神廟」在民國九十五年時遭遇火災，當時廟內還有遠從苗栗來參拜的信眾，火災當時，由於當天風雷交加，主殿及後方倉庫燃起大火，信徒不畏火勢，仍然繼續上香祈福，認為神明指示，越燒越旺；雖然大殿內神明均付之一炬，但廟內工作人員及來訪香客都是毫髮無傷，大家都覺得這是財神爺及各路神明顯靈，代替眾生渡過這次劫難。直到今日，財神廟仍陸續重建中，但香火依然傳承不斷。

招財納福

八路財神廟供奉神明很多，除了「武財神趙公明」，還有「大公無私包青天」，「偏財神韓信爺」，「天上聖母媽祖娘娘」，「太乙真人」，「天篷元帥」，「各行業祖師」等等，相當廣泛。

這裡最特別的，除了正殿武財神趙元帥聖像外，廟內偏殿另外供奉了一座「出巡財神爺」，象徵財神爺出巡八方，協助外出做生意的人廣結善緣，八方生財！可購買廟方三寶金，向「出巡財神爺」稟報自己職業／姓名／生辰／地址等資料，並向財神爺祈求自己的願望及目標，敬香後燃燒金紙就可以求財；記得每天出門工作前，要向天請求出巡財神爺保祐，能夠出入平安，業績大發！

廟內有敬奉「天篷元帥」，西遊記裡面的豬八戒，原來是玉皇大帝座下，管理十萬天河水兵的天篷元帥，被貶下凡後，雖然好吃懶做，好色又愛貪小便宜，但豬八戒始終對三藏大師忠心耿耿；三藏大師取經歸來後，豬八戒被封淨壇使者！據說從此痛改前非，對以前吃過他虧的商家儘量補償，保祐他們生意興隆，客源不斷，所以被服務業，及有關吃喝玩樂的行業奉為守護神，敬拜時不要忘了默默祝禱：「天蓬元帥請豬哥，豬哥祝我大發財！」這樣天篷元帥會為您招來源源不絕的客人，另外注意，祭拜天篷元帥千萬不能用豬肉，廟裡天篷元帥像後方貼滿名片，可見其靈驗！、

生意場上，偶爾會遇到心術不正之人，當遇到這種人而官司纏身之時，可以來八路財神廟中，祈求包公爺幫助，只要確實受到冤屈，相信包公爺一定會幫忙消災解厄，還以清白；持三柱清香向包公爺祈求：主持公道，化解官司，貴人相助；包公像旁各有鑼鼓一面，擊鼓三聲，鳴鑼三響，然後向包公爺報告自己冤情；鑼鼓都是是向包公爺伸冤時的法器，千萬不要戲玩，這是大不敬。

若是有期貨股票投資，或者要簽注彩券，可以來廟裡祈求韓信爺幫助，但記得這裡的韓信爺不能用雞肉當供品，因為韓信爺曾受胯下之辱，被譏笑手無縛雞之力，所以不要帶雞肉來；檳榔、香煙、麻將都可

以。

廟方提供「脫殼改運紅蛋」，隨喜填奉香油錢後，把蛋殼剝了食用，象徵褪去一身窮氣，吃進財神好運；據說有人來此拜拜，吃了六顆紅蛋，結果回去中了50多萬的樂透大獎，真假不知，但的確有相當多信眾來這裡吃紅蛋改運勢。

每年初一到初五，以及重要節日，廟方有舉辦「點旺爐」的活動，信眾的發財金紙放進香爐後，在吉時用鞭炮放進香爐中點燃，在炮聲中爐火越來越旺，財運也就越旺；這也是八路財神廟為大家求財的大法門。

周邊景點及推薦美食

新屋八路財神廟位於台十五線上，四周都是田地，而臨近海岸的台61線，是著名的自行車及重機車旅遊路線，沿路有許多著名的咖啡館，參拜完了，轉到台61線，吹吹海風，喝喝咖啡，是難得的享受；永安漁港綠色隧道，則是桃園地區規畫最完善的自行車道，路旁綠樹林蔭，偶爾還可以看到鍬形蟲，生態保持不錯。

服務業的財神天蓬元帥

伸張正義包青天，申冤鑼鼓不可戲玩

至於美食，不能不提財神廟不遠的永安漁港，這裡的觀光漁市相當完善，也整理的很乾淨，生鮮漁獲種類眾多，價格也算親民；熟食區有各式各樣的炸物，裡外的海鮮餐廳，標榜生猛新鮮；假日時攤販不少，也會帶來當地一些農產品等等要在永安漁港吃過癮，來一次是絕對不夠的。只可惜停車空間不夠，假日來時常常要多繞幾圈，希望大家都能保持耐性，安全第一，開心至上！

廟宇資訊

桃園新屋八路財神廟

地址：
桃園縣新屋鄉笨港村埔子頂
30-11號（西濱公路57.1公里處）

電話：
（03）4766-106

左右恐龍像目前改為青龍池

大溪迎富送窮廟

廟史沿革

大溪迎富送窮廟，是一家很受歡迎，也很有意境的財神廟；聞名的不是悠久廟史或恢弘建築，而是在傳統道教信仰與現代生活間，融入正念與創意，兼有求財祿，求子嗣、求福壽、求姻緣，求平安的新廟宇。

迎富送窮廟首建於民國九十四年，主祀玉皇上帝、三官大帝、五路財神王等等，注重「迎富先送窮」的理念，較不同於傳統財神廟注重在「求財」的方式。原廟廟址在大溪瑞安路二段２０５號，於民國一〇四年二月十二日，遷移至目前新址康莊路五段12巷18號，新廟面積較舊廟大五倍，停車場能容納更多車輛；目前主建築已經完成，未來將陸續擴建。

元寶大殿，拜財神，元寶來

雖然迎富送窮廟搬了家，但創廟宗旨及理念是沒有改變的，強調「玉尊三官天賜九重福，修德必得；善門十方禮敬財神王，虔道必應」的財神正道信仰，並重新闡述所謂送五窮：「智窮、學窮、文窮、命窮、交窮」、迎五福：「東福、西祿、南壽、北喜、中財」的真締，讓信眾從信仰中真正理解「迎富要先送窮」之意義。

所謂智窮就是先天智慧的缺乏，學窮則是專業知識的缺乏，文窮則是筆墨文采缺乏，命窮則是先天命運所帶的窮氣，交窮則是人際關係的缺乏。

廟方每年會舉行「迎富送窮大法會」，並有「送窮船」、「送窮咒文」、「送窮日」等傳統道教科儀，法會中所設置的法壇、榜台、送窮紙船等，會將參與信眾身上所纏的窮氣、窮運、窮鬼，自大溪送入大海去，是台灣難得一見的送窮大科儀。

招財納福

一進入迎富送窮廟的停車場，就能感受到濃厚的財神氣息，千萬記得，面對大廟門口，要從右邊的蒼龍門進入，門的上方寫著「蒼龍入招財」；參拜完畢則從另外一邊的臥虎門出來，門上寫著「臥虎出迎富」；代表進廟時把窮氣帶進廟裡，留在廟裡，出來時則帶著財氣離開，不能走錯。

用六色聖筊擲出六個聖筊，有大財運大驚喜

走進門後，進入大殿的左右側都有參拜說明，依序順序參拜完諸位神明，要進行最重要的送窮儀式；在濟公及地藏菩薩神位旁有送窮咒文，寫下自己名字後依男左女右的原則蓋上手印，然後向神明稟告自己姓名生辰地址，並且誠心念出咒文。念完後拿咒文在地藏菩薩的香爐上過三圈，到神桌上油燈點火，燒化在濟公前的送窮船裡，然後拿濟公前的寶扇在身上搧一搧，這樣就能把身上的窮氣跟霉氣去除。

完成送窮儀式後，我們要來迎富，先是求取迎富招財袋，儀式很簡單，向天公祖師及五路財神王敬告自己姓名住址生辰，祈求神明賜予招財袋，擲筊三次有一次聖筊就可以，招財袋是在廟方金紙區索取的。

做生意跟開店的朋友，則可另外求取迎富金帛，只要擲出一個聖筊即可索取，功德金隨緣；這個金帛是回家後，在初二或十六，帶到公司或店面附近土地公廟，祭拜土地公後，跟着土地公金一起

濟公禪師
濟公寶扇。搧除霉運

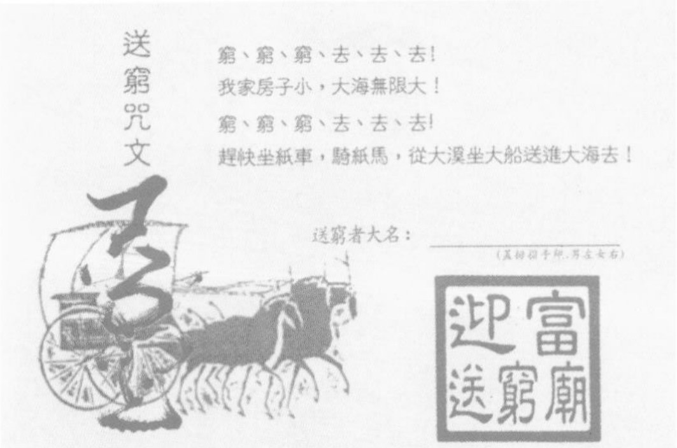
送窮咒文
窮、窮、窮、去、去、去！
我家房子小，大海無限大！
窮、窮、窮、去、去、去！
趕快坐紙車，騎紙馬，從大漠坐大船送進大海去！
送窮者大名：
送窮咒文燒窮氣

燒化，燒化時要記得誠心念出金帛上疏文，這樣財神會為您帶來財氣。

完成這些儀式，拿著自己名片向神明祝禱：廣結善緣，業績興隆；然後放進大殿彌勒財神旁財寶箱內，祈求神明保祐賜財賜福。

一般的財神廟祈求發財金是擲一對筊，而迎富送窮廟是擲黑、白、紫、綠、紅六色筊來求取招財金，擲筊前要請廟方人員來監筊，如果擲出一個聖筊，則有一個58元的紅包，還有一尊財神保祐；擲出兩筊則有兩個58元紅包袋及兩尊財神保祐；以此類推到擲出4個聖筊，則有四個58元紅包袋及四尊財神保祐；若擲出5個聖筊，則有588元紅包及5尊神明保祐；若擲出六個大發的神筊，就有588元紅包及一個5分重金牌，象徵天公祖加持好運！必定大發。

祭拜完成後，出廟時，記得走右方的迎富大道出去，這裡矗立了六對巨大的六色神筊，象徵窮氣盡除，帶著一身好財氣離開。

周邊景點及推薦美食

新的迎富送窮廟位於大溪康莊路上，也就是台4線大溪往石門水庫約36公里處，從二高大溪交流道下來，參拜完畢後，值得到大溪老街逛逛。

送窮船

從大溪橋走過去，古蹟眾多，風景優美，老街內的小吃更是不可錯過，除了大溪出名的豆乾，常常大排長龍的百年江家花生糖也是一絕。

另外也可以選擇往慈湖風景區去走走，再一個路線是往石門水庫風景區，兩條路線都有著名的石門活魚可品嘗，然而老饕級的釣客則會選擇來大溪的休閒魚池，享受現釣現烤的美味；如果您不會釣魚，老闆會把釣客釣起的魚先放在蓄養網中，客人來了再做活魚料理；在北部釣客間，聲名較顯著的是石門休閒農場，星期例假最好先預定，不止怕臨時沒位子，更怕客人把老闆先蓄養的活魚買光了，那您就得等魚池裡的釣客釣起魚來，才有得吃了！

廟宇資訊

大溪迎富送窮廟

地址：
桃園市大溪區康莊路5段12巷18號（台4線36公里處）

電話：
（03）388-9355

六色筊杯造型迎富大道

新竹古奇峯普天宮

廟史沿革

在新竹說起普天宮，大概沒幾個人不知道。它是新竹地區非常著名的廟宇，位於寺廟林立的古奇峰風景區內，普天宮高達120公尺的巨大關公像，是古奇峰的地標！南邊是青草湖，北接十八尖山，並鄰近交大、清大兩著名學府，可謂地靈人傑。

普天宮號稱科技人的神廟，據說前聯電董事長曹興誠先生，以及台積電董事長張忠謀先生，都曾來此參拜，祈求業務興隆，機具穩定。消息傳開，吸引非常多竹科人來前；另外，新竹地區的公務員、業務員也多來此求財求官，據稱相當靈驗。

普天宮創建已經30多年，建廟期間，國內大企業如

關聖帝君聖像

味全食品、南寶樹脂等都有捐助，共襄盛舉，歷經八年方始建成。

招財納福

普天宮雖然以供奉關聖帝君為主，但廟內也有四面佛，稱大梵天王金身四面佛。眾所周知，向四面佛祈願後，如果願望達成，闔家平安，一定要依據祈願時所許下的方式還願，否則四面佛會用各種方式提醒信眾。但普天寺的四面佛有一點比較特殊，如果曾去泰國四面佛祈願，而沒有辦法回去還願的信眾，可以來普天宮向大梵天王說明原因，在台灣就能向四面佛還願。

普天公有一個特色，就是大，關老爺很大，關老爺的關刀很大，金爐也很大，廟前的虎爺更是超級大！虎爺造型威猛，不似傳統虎爺，有些人覺得比較像豹子，各人觀感不同，見仁見智。據一些竹科朋友表示，拜大神賜大福，聽起來也有道理。

廟內有大貔貅一座，摸貔貅可以招財、咬財、守財；另有非常有趣的日進斗金訣，參拜時閉上眼睛，深呼吸後左轉三圈，右轉三圈，閉著眼睛伸出右手向前走，看摸到哪一個字。如果摸到「日」字，則表示日日進財，事業順利；摸到「進」，則表示十方今財，財源廣達；摸到「斗」，則表示財運亨通以斗量；摸到「財」，則表示坐擁金山，此

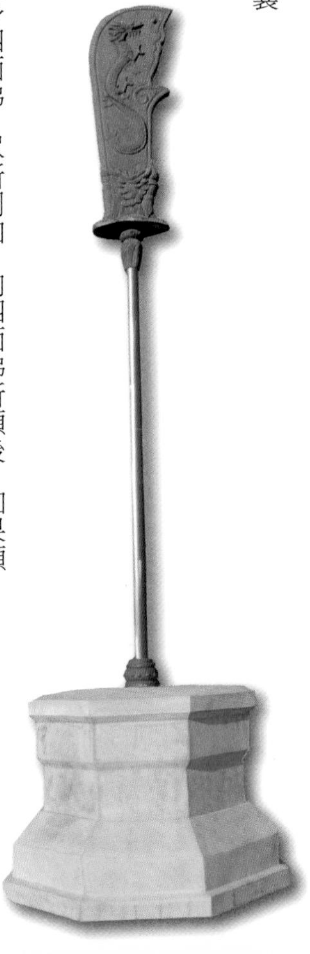

大關刀

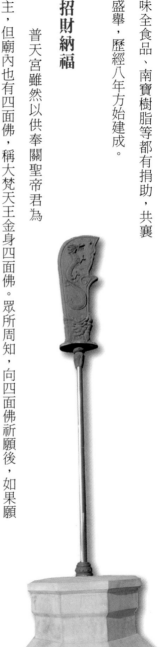

世不愁。

普天宮有相當多竹科信眾，來此向福德正神祈求福氣金聚寶袋、及大滿貫三才聚寶袋。據說這裡的土地公很靈驗，會保祐信眾財源滾滾，大發利市。聚寶袋的形狀就是個聚寶盆，有蓋子，在此提醒一定要把蓋子密封，把聚寶袋迎回家後，千萬不要讓別人碰觸，以免露了財氣。放置的時候，要把龍頭朝向門口，最重要的是，每年農曆六月二十四關聖帝君千秋壽誕時，記得拿回廟裡補充財氣。

周邊景點及美食

普天宮所在的古奇峰風景區，本身就是著名景點，其內有相當多各國風情的雕塑，普天宮旁有新竹有名的月老廟！沿著參觀路線圖，走到普天宮創辦人鄭再傳先生紀念公園，裡面有個小博物館，展覽鄭先生生前收藏的一些骨董、木雕等等。博物館下方有一座涼亭，裡面有一隻人面神獸，據說摸神獸可治百病。

造型奇特的去百病神獸

日進斗金，心誠則靈

新竹美食眾多，參拜完畢，則推薦城隍廟口的小吃，鴨香飯、郭家潤餅、王記蚵仔煎、柳家肉燥飯、林家肉丸、阿城號炒米粉、麥記紅燒鰻跟他的鹹湯圓，種種傳統台灣小吃，不可錯過，即使寒流來襲，這裡也是熱鬧滾滾，全無寒意。若需伴手禮，城隍廟旁，製作「竹塹餅」的百年老店新復珍是個好選擇，竹塹餅跟一般豬油餅不一樣，它有一部分的餡露在外面，餅皮鬆脆，吃起來又不油膩，與新竹貢丸、米粉，並稱新竹三寶。

廟宇資訊

新竹古奇峰普天宮

地址：
新竹市高峰路306巷66號

電話：
（03）5215553

青草湖風景區

苗栗竹南龍鳳宮

廟史沿革

「苗栗竹南龍鳳宮」，起源於明末先民渡海來台開墾時期，到現在已經有三百多年歷史，「龍鳳宮」原來是祭祀媽祖娘娘的媽祖廟，早年就是庇佑一方漁民及當地居民的信仰中心；近年來增設了「財神殿」供奉五路武財神，更兼有財神廟的功能，目前已是台灣著名財神廟之一。

據傳在明朝永曆年間，鄭成功開台時，部隊在現今龍鳳漁港附近登陸，並在此地屯兵開墾，建立村落，這時就已經設了祠堂供奉媽祖神像，保祐一地平安；到了清朝時期，居民日漸增多，原來建立在海邊的小祠堂，容易受風災損壞，於是在鄉紳的努力下，在目前龍鳳里5鄰一帶，設立廟宇，將媽祖金身遷移到此供奉。

五路武財神像

是在清朝道光年間，在地方士紳的努力下，地方信仰中心的「龍鳳宮。」再度遷建到現在的廟址，歷經十數年才建成；而在光緒年間，與後來的日據時代昭和年間，「龍鳳宮」擴建數次；在昭和十年台灣大地震時，全台損失慘重，但「龍鳳宮」附近區域卻是損失輕微，居民認為，這是媽祖慈恩，保祐地方，更加堅定了信仰。

光復之後，在信眾的努力下，「龍鳳宮」仍不斷整修增建，民國七十二年，更是興建了當時世界最高的湄洲媽祖彩像，高１３６公尺，夜間燈光照射下，更顯莊嚴；二高通車後，遠遠就能看到巨大媽祖像，更成為竹南一帶的地標。

「龍鳳宮」的「財神殿」，是在民國九十四年落成，落成後不久，廟方人員發現，財神爺、文昌帝君、以及太歲殿中的將軍神像，鬍子不斷增長變長；雖然科學昌明，但不同材質，在不同時間製作的神像，怎麼會在同一個時間，同一個廟裡發生這個現象，實在難解，尤其是文昌帝君聖像，在民國八十七年就已供奉在前殿，但是到九十四年遷奉到後殿後，才跟其他神明一樣，鬍鬚增長；為這家古老的廟宇，更增添一些神異的色彩。

招財納福

除了媽祖信仰，「龍鳳宮」現在也是財神廟；指示，祭拜完所有神明後，不要忘記向五路財神爺求個財；雙手合十向財神爺祈願後，隨喜將香油錢投入殿內元寶造形的大財寶箱裡面，然後雙手環抱元寶來回走三圈，抓一把財氣放進自己口袋裡面，表示財源入袋，福氣跟著來。

如果覺得運勢不佳，想轉個運，在白玉媽祖像前有「白玉轉運石」，向媽祖娘娘祈禱後，摸摸轉運石，媽祖娘娘會保祐您時來運轉；也可擲筊向財神爺求取「財神寶袋」，結緣金是三百元；財神殿前，有「許願池」，祥龍噴水，池子裡是咬錢金蟾，看起來就是大吉大利，許下願望必能達成。

廟方也提供免費的「香火袋」，「平安米」，以及「平安符」；也有「財神符」跟「淨符」，向媽祖娘娘稟明後，可以到服務台索取，拿到後記得到香爐前過三圈，一般認為，男生用左手，女生用右手；如果不知道如何求取，可以向服務人員詢問。

「龍鳳宮」提供「新車開光」與「祭車煞」的法事；以祈求行車平安順利，避災解煞；新車是要開光的，把新車開來龍鳳宮前廣場，下車向媽祖稟明自己姓名生辰，以及車號等等資料，祈求媽祖娘娘保祐平安，就能向服務人員登記開光；這時廟方人員先點香向媽祖敬拜，然後一手持香，一手持筆，以硃砂在車子引擎蓋，左右照後鏡，前後車牌，四個輪子，以及方向盤上畫上符咒；這樣就完成新車開光手續。

龍鳳宮五路財神殿

咬錢金蟾所在許願池

中古車或者事故車，也可以來這裡「祭車煞」，程序與新車開光相同；當您參拜時看到這樣的儀式，請不要意外，也許您也應該把自己車子開進來，讓媽祖娘娘給您的愛車保個平安。

周邊景點及推薦美食

從龍鳳宮開車到龍鳳漁港，只要十多分鐘，轉型成觀光漁港的龍鳳漁港，跨過港口旁溪流就是一整片沙灘，遠眺海天一色，或者踏浪而行，都相當愜意！風帆造型的橋頭涼亭，以及巨大的發電風車，是拍照熱點。

每天下午，漁船回港後，新鮮漁獲立即拍賣，想嚐鮮的饕客不妨來看看！漁港內有漁獲直銷中心，有小吃街，也有豪邁的快炒料理，可以直接點店裡的菜，或者把您剛買到的戰利品交給店家，做成自己喜歡的佳餚，比較簡單的菜色如快炒或薑絲清湯，代工費用是一百元，但如果您想來個一魚兩吃，那就得跟店家商量一下；基本上龍鳳漁港的價格親民，喜歡海鮮的朋友，一定要來嚐嚐這裡的海味。

廟宇資訊

苗栗竹南龍鳳宮

地址：
苗栗縣竹南鎮龍鳳里龍安街69號

電話：
（037）464620

龍鳳漁港美麗海景

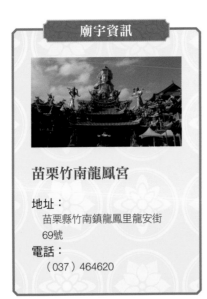

台中南天宮關帝廟

廟史沿革

「台中南天宮關帝廟」是台中市區內最大的關帝廟，上方一四六台尺高的關聖帝君像是一大特色，而且這是台灣唯一一座有電梯的關帝廟，有六層樓高，備有自己的停車場，不但交通方便，香火也非常興旺。

南天宮興建於民國三十九年，民國四十一年正殿落成後奉請神明安座；而後陸續完成東，西兩廂房及山川樓，是典型閩南式廟宇建築；著名的關聖帝君大神像，則是在民國七十三年完成，破土興建神像的時候，當時省主席林洋港先生特別致贈「浩然正氣」匾額敬賀，這幅匾額依然由廟方保存。

由於關公忠信仁勇的形象，又兼道教五文昌之一的

威嚴的關聖帝君，庇佑眾生

「文衡帝君」，不但文武兼備，又是財神爺，近年來的南天宮不但是關帝廟，也是財神廟，非常受到信眾歡迎；如同台灣道教廟宇，南天宮也敬奉其他神明，求文采，求財運，求姻緣，求感情，應有盡有，已經成為台中地區重要廟宇之一。

招財納福

南天宮除了敬拜「關聖帝君」，也敬拜包括以趙公明元帥為首的「五路武財神」，「福德財神土地公」，以及其他神明；六層樓的建築中所敬祀的神明如下：

一樓：正殿奉祀關聖帝君；右殿至聖先師；左殿精忠岳武穆王，後殿則奉祀武財神趙元帥及福德正神神位。

二樓：月下老人、文昌帝君及文衡帝君。

三樓：聖母娘娘、註生娘娘及關聖帝君。

四樓：觀世音菩薩、保生大帝及武財神。

五樓：天公殿，主祀玉皇大帝、陪祀南斗星君、北斗星君、孚佑帝君及玄天上帝。

六樓：財神殿，則供奉財神及天官大帝之神位；著名的財神洞

招財元寶

招財金算盤

也在這一層樓。

南天宮中最著名的招財法門是金元寶，跟其他廟宇不同，這裡的請財方式比較特殊；首先要準備錢引，金額多寡不限，但一定要準備一張鈔票，不然摸空財就沒意義了；拿錢引向關聖帝君虔誠祈求後，把錢引投入元寶中，然後雙手在元寶上由外向內摸三次，象徵把財運播向自己，最後把財氣放進自己口袋裡，這樣神明會保祐財氣滾滾不漏財。

一樓後殿有招財金牛，這可是南天宮一大特色，摸金牛也是招財納福的一大方式，而在閩南語發音中摸金牛的不同部分，則可以招來不同運氣，摸完金牛要向財神爺報告一下，確認福氣財氣旺旺來：

摸牛鼻，人人吃百二；
摸牛頭，兒孫都出頭；
摸牛嘴，賜你大富貴；
摸牛肚，事事好運途；

附近的樂成宮也是著名廟宇

摸牛身，健康好順心；
摸牛尾，萬事好結尾；
摸腳椿（臀），給你年年存（餘）；

後殿除了摸金牛，敬拜土地公及財神爺外，旁邊有個金算盤，不要忘了去摸一摸，摸摸金算盤，財源滾滾來

南天宮的六樓有財神洞，外面有發財大錢，進洞前先摸摸大錢，敲一下金鐘，然後進入洞內向五路財神參拜，出來以後再摸一摸大錢，就可以把財氣帶回家！南天宮也提供車輛過火的服務，新車舊車都能辦理，以車輛為生財工具的業者，可以來詢問廟方服務人員，他們會為您安排。

周邊景點及推薦美食

南天宮關帝廟附近有國家三級古蹟樂成宮，樂成宮又稱旱溪媽祖廟，早在乾隆時間就已建立，是台中地區非常著名的廟宇；廟中也供奉了月老星君，據說相當靈驗。

發財金牛

財神聖像

台中除了逢甲夜市，一中商圈外，旱溪夜市也是美食眾多的地方，相當熱鬧；旱溪夜市位於台中市東區旱溪東路與振興路口，營業時間是每週二、四、五、六。週六是人潮及商家最多的時候，吃的喝的玩的都有；如果選擇週末來南天宮參拜關帝爺跟財神爺，一定要來旱溪夜市走走。

廟宇資訊

台中南天宮關帝廟

地址：

台中市東區自由路3段309號

電話：

（04）22153477

台中廣天宮財神開基祖廟

廟史沿革

「台中廣天宮」是台中地區頗具聲名的財神廟，創建於民國七十五年，原名「台中武德廣天宮」，主要敬祀武財神趙元帥等五路財神及其他神明，民國九十五年擴建廟宇，民國九十七年，廟方從四川峨眉山迎回開基財神爺金身，是歷史最悠久的財神爺，也在這年，「台中武德廣天宮」改名為「台中廣天宮財神開基祖廟」，來這裡參拜的香客非常多。

廣天宮內有三座鎮廟財神爺，一位是創建廟宇時，由北港武德宮分靈至此的財神「爵德爺」；一位是由武德宮來此監造廟宇的「代天巡狩財神爺」，原本廟宇完成後，「代天巡狩財神爺」應該回返北港武德宮，但財神爺指示，要留在台中廣天宮鎮守中部，於是由廣天

氣魄非凡財神大殿

宮敬奉至今；第三位是「峨嵋山開基財神爺正尊」；三位神明保祐地方財氣滿滿，福財兼具。

廣天宮敬祀的其他神明很多，有中壇元帥哪吒太子，月老，土地公，城隍爺，關帝爺，諸葛武侯，瑤池金母，註生娘娘，觀音菩薩，太歲星君等，除了求財，也可求姻緣，求平安，由於香客眾多，近年來也成為台中地區一個觀光景點。

峨眉山財神座騎虎爺

招財納福

廣天宮的「168求財錢母」非常有名，借發財金很簡單，跟服務人員詢問就可以，借金必須在每年農曆年前償還，最特別的，廣天宮的發財錢母是放在發財錦囊裡，錦囊中有錦囊妙計，遇到事情可以依據指示行事。

除了敬拜財神及諸位神明，也不要忘記來摸元寶招財氣，在添加香油錢後，用手在元寶上，從外向內籠三圈，然後把財氣放進口袋內，把財氣帶回家；元寶上有蝙蝠圖案，這個也要摸一下，會帶來福氣的。

如果信眾希望迎回財神聖像或令旗回去供奉，則可以跟廟方人員聯絡，擲筊經過神明同意，就可以找法師選日子來迎神明，來之前三天要先通知廟方準備；請回家的神明要在廣天宮宮慶，及財神爺聖誕時回來作客；請令旗也是要神明同意，供奉香油錢，然後由廟方在旗子上蓋上宮印，信眾把令旗插在壽金上迎回，不時要帶令旗回來過爐，以保財運不斷。

農曆的三月十五，這天是財神爺聖誕，廟方會舉辦大法會，來參加的全省信眾非常多，金紙多到金爐都來不及燒，這天也是一年之中補財庫的好日子；另一個時間是農曆春節時間，來這裡求財福，點財神燈的信眾也很多，可見廣天宮香火之興旺。

周邊景點及推薦美食

台中北屯最有名的是大坑風景區，這裡有「台中陽明山」的稱號，風景區內有八條登山步道，是登山踏青的好地方，大坑也是水果盛產之地，夏天有荔枝龍眼，秋冬有柚子橘子；大坑善本巖附近的「大坑櫻花林」，則是近年來的熱門景點，櫻花盛開期間，人山人海；「北屯文昌廟」建立於

發財福元寶

補庫金來補財庫

同治年間，是三級古蹟，廟中敬祀五文昌，是考生常來祝禱的熱門廟宇。

大坑地區的美食也很多，大坑也盛產筍子，筍肉餡料的肉丸一定要嚐一嚐；這裡的土雞也是很有名的，尤其跟麻竹筍結合的筍仔雞湯，是當地一絕；東東芋圓是大坑名店，這是一家販賣冷熱飲的飲品店，很多人認為，沒來吃過他的芋圓，就不算來過大坑，假日時期常常大排長龍，要耐心等候。

廟宇資訊

台中廣天宮財神開基祖廟

地址：

台中市北屯區遼陽五街131號

電話：

（04）22434146

南投竹山紫南宮

廟史沿革

有拜財神廟的朋友，大概沒人不知道南投竹山紫南宮，在媒體票選最受歡迎的財神中，紫南宮屢次獲得排名第一，諸多名人也會到此參拜，求個好財運。；紫南宮其實是土地公廟，佔地僅僅40坪，完全不是富麗堂皇的大廟模樣，能有這麼多信眾香客來此參拜，的確有其不凡之處。

紫南宮位於南投竹山鎮社寮里，奠基創建至今已近三百年，在清乾隆十年時，由當地居民募得款項，建立了最初的土地公廟，稱為「大公廟」，這就是紫南宮的前身；咸豐五年，因歲月摧殘，局民再次募款改建修繕，並改廟名為紫南宮，沿用至今；而後在日據時代，西元一九〇七年，再次重修；現在的樣貌，則是在民國

招財大元寶

六十九年，因廟內木質建材蟲蛀朽壞，而且香客日漸眾多，故由居民再次募款重建，於民國七十一年完工至今。

紫南宮從創建以來，一直是當地居民活動軸心，紫南宮最著名的「發財金」，其實是起源於光復之後，經濟蕭條，百業不濟，為協助當地居民創業，才開放當地社寮地區居民來借金；當時借金可是有資格及條件限制的，只能在每月十五，十六兩日來求金，最高不得超過台幣六百元，而且必須在隔年元宵時還金，同時僱用劇團為鄉親表演歌仔戲還願。

後來由於社區子弟在外創業有成，紛紛回來還願，也介紹外地朋友來此參拜，廟方基於「土地公應造福萬眾，不限當地鄰里」，這才開放了限制，外地居民可以來求金，不過得要當地社寮居民做擔保；民國七十二年時為購地需求，擔心資金無法應付日益眾多的信眾，於是修改成沒日均可求金，但上限為兩百元；四年之後，提高為六百元，也取消擔保制度，沿用至今，甚至成為一項特殊的民俗。

紫南宮在公益方面，投入了相當多的財力心力；除了提供社寮附近等四個里的幼兒到國中的學雜費，在二〇一五年更擴大到竹山全鎮，新生兒更有一萬元的生育津貼；除了扶幼，紫南宮在敬老方面也有相當成就，開辦了老人的社區課程，每年都捐助老人會做為活動使用，同時在重陽節時會打金戒指為社區內七十歲以上老人慶祝，還有老人生日時禮金一萬元，老人送餐補貼六千元；廟方由於多年來回饋鄉里，熱心社會公益，在二〇一五年由行政院頒發「連續10年興辦公益慈善及社會教化績優獎」，可謂實至名歸。

紫南宮雖然財名遠播，但紫南宮是一個很單純的土地公廟，就只有供奉土地公、土地婆；紫南宮最著名的是「求發財金」，請記得一定要帶個人證件，在參拜完土地公後，向土地公告知自己姓名生辰住址後，向土地公敬求祈願，然後擲筊，第一次擲到聖筊，可的發財金六百元，第二次才擲到聖筊，則得五百元，以此類推，如果到第六次才擲到聖筊，就得一百元，如果六次都沒擲中，表示您現在不缺錢，以後有緣再來。

求金如願後，要去服務台填寫資料，發財金可一次使用完畢，或者分次使用，但還金前一定要用完；通常信眾在還金時都會多還一點當作香油錢，還金的方式，則要攜帶身分證或當初求金時的紅包袋，交給服務人員還金的金額，完成還金手續。也可透過郵局現金袋寄交，但請記得在現金袋內放進求金時的紅包袋。

紫南宮另一個著名特點是求財金雞，摸金雞代表的意思（台語發音）：

貼雞嘴，乎你大富貴；

貼雞胸，乎你家和萬事興；

有任何問題，都可在服務台這裡詢問

紫南宮簡介

貼雞股，乎你聚好某；

貼尻川頭，乎你才高八斗；

貼尻川空，忽你嫁好尪；

金雞卵，貼圓圓，乎你賺大錢；

金雞肉貼透透，福運攏總到；

正殿內的大金雞現在被摸到銅底都露出來了，可見受歡迎的程度；廣場上有金雞孔，那是一定要去鑽一下，鑽過金雞孔，金銀財寶呷嘸空。

在紫南宮還能求得「祈福金雞」回去供奉，供奉金雞要注意：一，要把金雞安奉在家中或公司的財位，每天要供奉茶水，不可使用生水；二，茶水不能乾掉，最好多供奉一杯米；三，以後有回紫南宮進香時，要記得把金雞帶回來過香爐，以吸收香火。

周邊景點及推薦美食

紫南宮本就是南投地區的觀光景點，來此參訪，不可錯過廟內有名的七星級豪華洗手間，竹筍造型，象徵步步高昇；另外，紫南宮內有觀光局設立的竹山地區觀光地圖，您可以很

求財金雞

竹山旅遊介紹

容易的找到您想去玩的地方；竹山老街，位於竹山上橫街跟下橫街之間，仍抱有傳統風情，值得一逛；另外，有名的竹山吊橋，離紫南宮約一小時車程，如果喜歡登高望遠，不妨來走走，出發前建議先打電話049-2009507，與天梯遊客中心確認狀況，避免意外狀況。

紫南宮販賣部店鋪相當多，當地一些農產品也很多，竹山以竹聞名，所以這裡的竹筍品質相當不錯，地瓜及茶葉也是名產；竹山老街現在被規畫成商圈，廟口老肉丸店，老街上三代相傳的蚵仔麵線，還有開了四十年的四神湯，都相當值得一嘗。

紫南宮水晶步道

廟宇資訊

南投竹山紫南宮

地址：
南投縣竹山鎮社寮里大公街40號

電話：
（049）2623722

南投草屯敦和宮

廟史沿革

南投草屯敦和宮，是台灣早期主祀「玄壇元帥趙公明」的廟宇之一；乾隆元年，福建漳州平和縣山西地方居民李創與族人來台開墾，落腳在南投草鞋墩（現在的草屯鎮）；乾隆二十年，李創與兩個兒子李元光，李元欽回到漳州西山故鄉，奉請玄壇元帥神像來台，供奉在草鞋墩，作為地方守護神。

約在六十年後的嘉慶二十一年，由當年迎回玄壇元帥分像的李元光與李姓宗親十人發起，地方居民共同出資，在草鞋墩創建了敦和宮；歷年來敦和宮一直是草屯地區重要廟宇，也屢次增建及修繕；目前的宮廟是在民國八十七年落成，隔年台灣發生九二一地震，當時正是敦和宮興建銅鑄趙公明元帥大神像的時候，當時造成部

摸元寶，招財又招福

分地方人士疑慮；但在各方努力下，敦和宮的建築結構及工程計畫通過縣政府檢驗，著名的武財神大銅像才在民國八十九年完成，這座銅像高達一六二台尺，是世界最大的武財神銅像，也是草屯地區著名地標。

招財納福

敦和宮敬奉的玄壇元帥趙公明，不但是庇佑草屯地方的神明，也是武財神，不只有南投地區居民來參拜，在全省財神信眾心中，敦和宮也是求財勝地，尤其屋頂上的大銅像，更是求財必拜。

一樓財神爺旁邊，有一座金光閃閃的武財神趙元帥像，腳踩虎爺，手持金鞭，旁邊有個金元寶，敬拜完神明後，一定要來摸摸財神爺跟金元寶，放置神像及元寶的桌子下就有張貼摸財神的口訣：

「摸元寶賺錢免煩惱，摸金鞭人生像神仙，摸虎嘴人生平安大富貴，有摸有添人生事業大吉昌（閩南語發音）。」

一邊摸一邊念，財運跟著來。

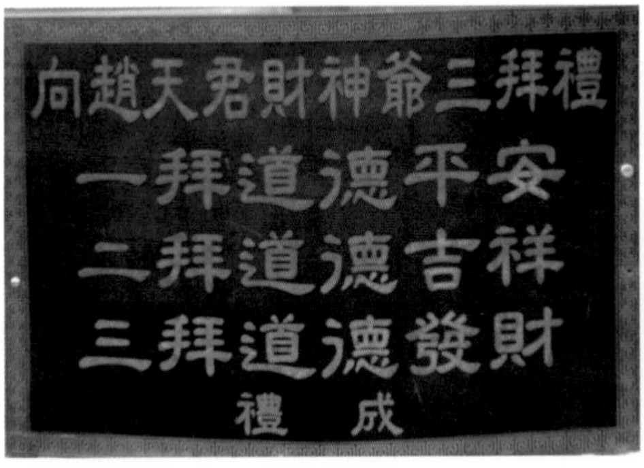

財神三拜禮，平安吉祥又發財

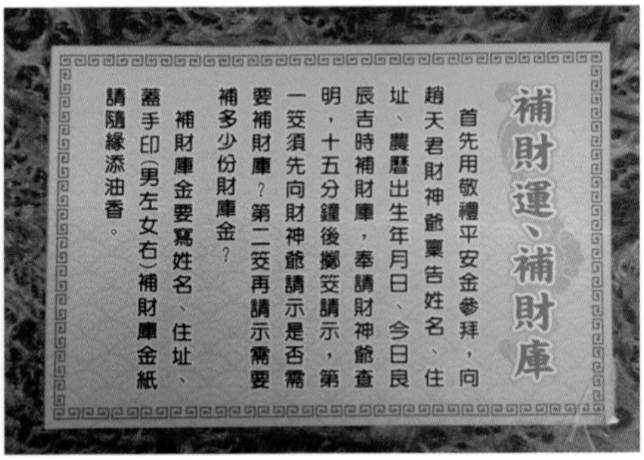

補財庫的說明

來敦和宮可以補財庫，先購買敬禮平安金，加上自己帶來的貢品敬獻神明，十五分鐘後擲第一筊向財神請示是否需要補財庫，第二筊請示需要補多少財庫金；補庫金要寫殊文，並且依男左女右蓋上手印，向神明稟報後燒化。

敦和宮的「五路發財金」也是很受歡迎的，可以在廟中燒化，可以帶回家詢問家中所拜神明後，在家中拜拜時燒化，也可以帶到自家附近的土地公廟或其他廟宇，向神明稟告用意及得到神明同意後燒化，隨時隨地都能敬奉財神爺。

敦和宮的發財金要年滿二十歲才能求借，準備好貢品，燃起十二柱清香，向財神及諸神明祝禱，並稟告借金的用途，在廟方人員監督下擲筊，得到神明同意後，就能得到六百元發財金；借金一定要本人求取，不能請人代辦，而且一年內一定要歸還；發財金放紅紙袋內，可以放在神桌上供奉，或者與家中貴重物品放在一起，這樣可以旺財運；也可把六百元拿來用，或者拿去存銀行，記得拿錢出來後要放六百元回紅紙袋，這樣就能利滾利，財滾財，財利不斷來。

世界最大武財神趙元帥銅像

到樓頂對財神大銅像禮拜三次，「一拜道德平安，二拜道德吉祥，三拜道德發財」，大銅像下有大金元寶，可以向財神爺求財祈願，這是來敦和宮的重頭戲，不可以錯過。

周邊景點與推薦美食

草屯是歷史悠久的鄉鎮，橫跨烏溪的「雙十吊橋」值得去走走，吊橋全長三六〇公尺，經歷九二一大地震依舊存在；國家三級古蹟「登瀛書院」，裡面有供奉文昌帝君，朱子等神明及先賢，每當考季，會有很多考生把影印的准考證拿來這裡祝禱，祈求考運昌隆；「龍德廟保生大帝」則是求平安的地方，在八七水災期間，有很多居民因為攀附在廟前榕樹公而獲救，是草屯居民非常尊崇的廟宇。

草屯的小吃還保留了傳統口味，很多店都傳承了幾十年，最出名的是肉丸及榕樹下蚵嗲跟炸物，蚵嗲是個小攤子，沒有店面，離敦和宮不遠，生意很好；草屯的手工麻糬口味很棒，甜而不膩，也不黏牙，自己吃很開心，當作伴手禮也很合適。

廟宇資訊

南投草屯敦和宮

地址：
南投縣草屯鎮敦和路74號

電話：
（049）2323793

北港武德宮

廟史沿革

在台灣眾多財神廟中，北港武德宮有重要的地位，在台灣光復以前，台灣並沒有什麼主祀財神的財神廟，若想求財，一般是敬拜土地公與關公，或者向觀音大士旁的善財童子祈求；而一開始就以趙公明元帥為主祀的財神廟，就是北港武德宮，這是台灣五路武財神信仰的開始；歷年來也分靈各地，據資料得知，有「豐原武德宮」、「台中武德廣天宮」、「太平仁武宮」、以及台北塔悠路上的「北巡武德宮」等等，可謂神威赫赫，為信眾帶來滿滿財運。

武德宮的創建，頗有神異；創辦人陳茂霖先生早年在北港最繁華的中正路，買了一塊地開設了保生堂中藥行，奇怪的是，雖然診所位於熱鬧的北港中心區域，但

武德宮廣天大道院，氣勢宏大，建築精美

前幾任屋主卻總是經營不起來，甚至有家宅不寧的傳聞，但陳先生開立的中藥行卻是生意興隆。

民國五十年間，陳太太生了重病，遍尋名醫都沒有找到病因；而後在民國五十二年時，嘉義新港東興宮五府千歲巡行來到北港，乩童扶乩指示，陳居士宅中有「內神」，要好好敬祀，可保家宅平安，家人健康，但是神明並沒有指示家中的內神是那位神明，於是陳先生在家中牆腳地上用紅紙寫下「內有神」，並在旁放置香爐敬拜；說也奇怪，不但陳太太病情逐漸好轉，中藥行的生意也越來越興旺；鄉里鄰居看到這個情形，也常來陳家拜神，相當靈驗。

廟內Q版財神爺及黑虎爺，很有創意

在民國五十九年，陳先生祭拜內神後七年，這位內神才透過乩童扶乩告知，自己的身分是玄壇元帥趙公明，是清朝道光年間，由一位陳姓居士由山東請了金身來台供奉，地點就在北港陳家的中藥行，但因戰亂，陳姓居士離開台灣之後的百年歲月，經歷天災，趙元帥的金身與當時祭拜趙元帥的草廬，都被埋在地底下，地上卻已有了新的建築，沒有人知道陳家地底下埋了一位財神爺；這時時機成熟，趙元帥請陳先生重塑金身，並在陳先生家中開壇設立「武德宮」，讓信徒敬拜。

武德宮成立後，香火非常興旺，甚至有信徒包遊覽車來參拜，而後因為參拜人數實在太多，而且為了配合當時都市計畫，陳先生在民國六十起年捐地捐資，並在各地信眾的幫助下，在目前的廟址，建立了新的武德宮；並在民國七十一年再度捐獻土地，擴大武德宮的規模。民國七十年間，兩岸關係開始和緩，陳先生奉趙元帥指示，特別到了山東齊河縣趙官鎮，尋訪先祖；但因文革破壞，武財神趙元帥的金身跟祖廟早已不存在，回來台灣後，經財神趙元帥扶鸞指示，由「北港武德宮」，作為「天官武財神開基祖廟」，這些年來，香火越發興盛。

招財納福

北港武德宮為台灣開基武財神廟，主要供奉武財神趙公明元帥，以及所統率的東，南，西，北四路財神，分別為「招財使者」陳九公、「招寶天尊」蕭升、「納珍天尊」曹寶、「利市仙官」姚少司。正殿接近六尺的武財神鎮殿金身前，就是當初開基時候的武財神神像。到廟中敬拜財神爺後，記得摸摸財神爺前的金元寶，聚寶盆，財神爺會保祐您大發利市，財源滾滾。

其實在我們向財神爺祈求財富的同時，也要思考一下命中是否有財庫，是否財庫太小而留不了財，或者有沒有今生災劫或前世冤孽糾纏，阻礙了財路；所以來武德宮參拜時，不妨給自己補個財庫，在敬獻疏文中寫下自己姓名生辰等資料，按下手印，誠心向財神爺祝禱，求消災解厄，賜福賜財，補財庫金中，「有天金、尺金、天官錢、天庫錢、虎錢、補運錢及財寶神衣」等等，相當豐富；據說越常補財庫，越能讓自己財庫滿滿。

北港武德宮有各殿都有財神燈，農曆年前不妨來此點燈，祈求一年財源滾滾，財運亨通；跟其他的武財神廟不同的是，北港武德宮特別設有「趙聖父母殿」，供奉趙公明元帥的父母；除了廟方希望弘揚孝道外，據說越是孝順的信眾，越是誠心向趙聖父母祈禱，趙聖父母會督促趙元帥特別庇佑，除了庇佑自己，也會庇佑家中父母財運興旺！

北港武德宮有「財寶米」，向財神祈求得到財寶米後，到主爐前順時針過爐三圈，帶回家中跟平常吃的米混合，平日煮來食用，可以更改家運，讓財運旺起來；財寶米袋不要丟掉，在裡面放進六元硬幣或八元硬幣，或者放六十元或八十元，收好後放在家中財位或辦公桌上，也有信眾在財寶米袋內放入金銀飾品等，這樣會聚集更多財氣。

如果您平日因為工作繁忙，無法到北港武德宮參拜，廟方有貼心的線上服務，到武德宮官網後，可以找到武德宮帳號資料，把香油錢的匯款水單、自己的姓名或公司行號名稱、地址等資料，傳真給廟方，廟方會幫您填寫疏文，敬獻給財神爺；網上也提供線上拜拜服務，除了自己姓名以及祈禱內容外，記得填寫地址，這樣財神爺才能把好運送到你家；願望達成後，一定要找一天親自到武德宮參拜，感謝財神爺賜福。

趙聖父母殿

香火興旺，原本紅色的柱子已被燻黑

周邊景點及推薦美食

到北港除了來武德宮，更不能錯過赫赫有名的「北港朝天宮」，這可是與「鹿港天后宮」、「北投關渡宮」並稱台灣三大媽祖廟之一，除了到武德宮求財運，也希望朝天宮的媽祖娘娘，能保祐事事平安順利，無災無厄。

北港歷史悠久，是台灣早期開發的區域之一，當然特色小吃也不少，鴨肉飯，麵線糊，麥芽糖，煎盤粿等等，都很有特色；如果您膽子夠大，最最推薦的美食是青蛙湯，當地人稱四腳仔湯，據信可以清火解毒，美容養顏；北港青蛙湯的食材不是一般常見的牛蛙，而是我們台灣本土的虎皮蛙，有紅燒跟清湯兩種口味，紅燒是油炸後再放入紅燒湯頭內熬煮，滋味濃郁；清湯版則是整隻蛙用清水燙過，再加入薑絲九層塔提味，口感清甜；但北港的青蛙湯，青蛙是不剝開的，而且注重原汁原味，四肢俱全；尤其是清湯，青蛙的趾蹼都在，這表示火候正好；雖然視覺上有所震撼，但口味確實一流，一定要推薦！

廟宇資訊

北港武德宮

地址：
雲林北港鎮華勝路330號

電話：
(05) 7821445
(05) 7832045

後方停車場有巨大元寶，象徵帶著財運回家

嘉義文財殿

廟史沿革

台灣的財神廟，大多以「武財神趙公明」為主祀財神，而專門敬拜「文財神比干」的文財神廟，首推嘉義文財殿。

據說在明鄭時期，有一位泉州吳姓先民來台經商，有一天來到嘉義地區販售貨物，疲累之餘卸下挑著貨物的扁擔休息，氣力恢復，想再扛起扁擔繼續行程的時候，居然怎麼樣都扛不起來，於是焚香請示，原來吳姓商人隨身帶著保身香火，隨香火而來的神明要在這裡濟世安民，於是吳姓商人定居於此，並且奉祀神明；但而後因為天災，廟宇全毀，香火也因而斷絕。

台灣光復後，一位吳熊先生在這裡承租一位陳姓婦

莊嚴大殿

人的房屋居住，而後買下了這間房子，說也奇怪，租屋的時候還算平安，買下屋子後，卻是運勢不濟，事事不順；吳先生因此到嘉義新港請求池府千歲指點，這才知道房屋所在地，就是以前吳姓商人蓋廟之處，只要用紅紙寫上「財」字，貼在神位上祭拜，問題就能解決。

吳熊先生照做後，運氣果然變好了；民國六十年，又經池府千歲指示，這位神明就是「文財神」，因為機緣成熟，希望吳熊先生雕刻金身敬奉；於是吳熊先生在民國六十三年興建「大興宮」敬祀神明，後來因為香火鼎盛，大興宮容納不下前來的信眾，於是在民國七十三年，購地興建新廟，民國七十五年落成後，新廟改稱「文財殿」。

文財殿的現址，有地理堪輿師表示，是為五路進財寶地，現在也是嘉義地區最興旺的財神廟；文財殿不只庇佑信眾財運，也附設了「文財殿文通慈善會」，捐資補助清寒學生營養午餐費，並有義診，濟貧、愛心捐血等活動，造福地方，善名遠播。

元寶大天爐

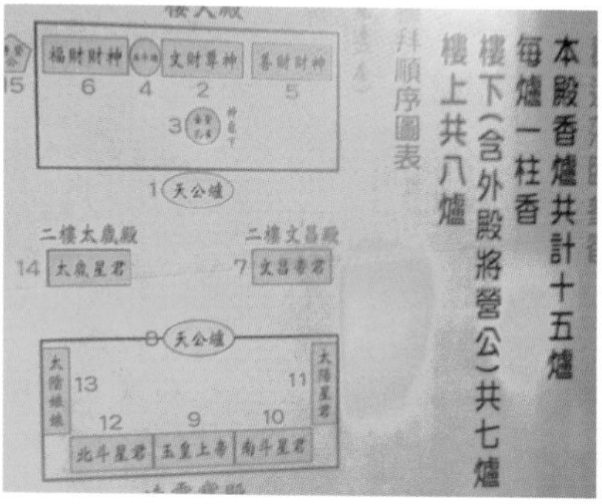

參拜順序

招財納福

一般來說，文財神是出版業、文創業、會計業等常坐辦公桌的行業來敬拜；但嘉義文財殿雖然主祀文財神比干，但也同時敬祀「善財財神」及「福財財神」。「善財財神」手持元寶，象徵財富滾滾來，「福財財神」手持「利市大吉」卷軸，保祐生意人生意興隆。

由於文財神比干的坐騎是「金聖孔雀」，在敬拜完廟內神明後，可以跟金孔雀王換錢，用大錢換發財母錢，象徵「錢換錢，賺大錢」；過年時期，除夕夜搶頭香增財運，初一到初五，是文財殿借發財金的日子，這兩個時候可是人山人海，廟方也會舉辦一系列活動，為信眾求財氣、求福氣、求平安。

文財殿的一個特色，是元寶造型的天公爐，一進入文財殿，元寶大天爐上香煙繚繞，遠遠就讓人覺得財氣一直旺起來。

周邊景點及美食推薦

文財殿附近是國家三級古蹟「北門驛」，北門驛是以前阿里山鐵

福財財神

善財財神

路的起點，可以從嘉義市區坐火車上阿里山，目前舊站部分已經改成遊憩區，保存一些日式風味的舊建築，建材多是檜木，運氣好時，還能近距離看到火車運行，是值得一遊的地方。

來到嘉義當然不能錯過嘉義雞肉飯，嘉義著名的店有很多，像是噴水雞肉飯、東門、蕭老師等等名店，而一位在地朋友推薦了「劉里長雞肉飯」，實際吃過後真地名不虛傳，這裡雞肉飯有雞肉絲飯跟雞肉片飯兩種，煮得恰到好處的米飯，融入了雞肉及醬汁的味道，會讓人忍不住再來一碗，如果覺得吃飯不過癮，還可以切盤雞肉來吃，雞腳湯也很有特色，營業時間是早上五點半到下午兩點半，搞錯時間是吃不到的。

廟宇資訊

嘉義文財殿

地址：
嘉義市林森東路470巷67號

電話：
（05）2766028

高雄財神廟

廟史沿革

「高雄財神廟」的開始，是在民國八十年代，幾位高雄地區善心人士，以濟世救民，廣結善緣為目的，成立慈善會，而成員中一位蔡國潭先生，剛好是那年中壢南天宮「三都田元帥」（安史亂時唐朝將領雷萬春）的值年爐主，於是大家決議，從南天宮奉「正一武財神、神印、開光筆」到高雄，以蔡國潭家中為臨時會所，降世救民。

而以蔡國潭先生為會長的慈善團體「財神會」，歷年來致力慈善事業，以救急不救貧的信念，將財神會的結餘款及信眾捐獻的善款，捐助給各地孤兒院，育幼院等等，並捐贈平安米及祝壽金給無依老人，名聲頗著。

造型特殊的財神聖像

民國九十二年，經財神會及信眾努力，取得了現在懷安街的土地，並在各方捐獻下，建立了正式廟宇，民國九十四年神明安座，名稱也從「高雄財神」會更改為「高雄財神廟」，鎮殿主神為「武財神 正一玄壇元帥趙公明」；歷年來香火興盛，連陳菊市長都來參拜，雖然廟宇不大，但已經成為高雄地區著名財神廟之一。

招財納福

高雄財神廟敬祀武財神「正一玄壇元帥趙公明」、其坐騎「虎爺」、「增福文財神李詭祖星君」、「財神爺座前神童太子元帥」、「福德財神土地公」；另外敬祀「哪吒太子」、「註生娘娘」、「文昌帝君」、「三都田元帥」等；不但是財神廟，也是全方位的廟宇。

來此禮敬財神，沒有什麼特殊儀式，帶著善心，虔誠祝禱就可以；廟中有個「五路財神金元寶」，祈福時，依據東南西北中五個方位，配合口訣，一邊摸元寶，一邊誠心默念：

「信士（信女）○○○　家住○○○

祈求東方甲乙木、東路財神召寶天尊招財來，

再求西方庚辛金、西路財神納珍天尊進財來，

三求南方丙丁火、南路財神招財使者賜財來，

四求北方壬癸水、北方財神利市仙官護財來，

五求中央戊己土、中路財神金龍如意正一玄壇武財神鎮財來。」

求五路財神保祐，招財進寶，事業亨通，財源廣進。

跟其他廟宇不同，這裡的收驚安身儀式是自己來的，敬神法器有各個財神的令牌，令旗，九節金鞭等；先敬香擲筊，請神明指示是否需要法器淨身，如果需要，再請示使用那種法器淨身；得到答案後，請下法器並燃三柱清香，在自身的上下左右畫押，拍打淨身就可以，相當方便。

從事文書行業，如出版業，廣告業等，則可以向「文昌帝君」及「大魁星君」祈求「智慧文昌筆」，在神明案前隨意拿出一支毛筆誠心向神明祝禱，然後擲筊祈求神明賜筆，要三個聖筊才能得到；如果沒能擲出，那麼再換一支筆，祈求神明恩賜；求來的文昌筆沾硃砂、過香爐後，放在書桌或辦公桌前，神明會幫助你文思泉湧，下筆如飛。

要求正財，首重勤勞，再是節儉，做人要寬厚，給人方便結善緣，自有貴人多助；秉持這三個原則，財富自然會來。

周邊景點及推薦美食

高雄財神廟位於高雄三民區，最著名的風景區是「金獅湖」，湖光山色，風景秀麗，湖畔公園近年來整治有成，更成為高雄熱門的旅遊景點；湖畔有兩家著名廟宇——保安宮跟道德院，也是遊客必來的地方。

另一個新興景點是「愛河之心」如意湖，這是高雄市政府結合滯洪池、生態池、及觀光旅遊的新措施，夜間燈光投射，引人入勝；愛河之心分東西兩湖，湖上各有一座跨河情人橋，吸引不少情侶來此。

三民街上的三民市場，是高雄人共同的回憶，在集中攤販管理後，現在稱三民攤販集中市場。市場內有各種小吃，也經常被報章雜誌及電視節目報導；因為好吃的東西實在太多，受限篇幅，這裡只能介紹部分：台南鹽水意麵，燒馬蛋（大芝麻球）、愛玉冰、當歸鴨、燒麻糬等等。

廟宇資訊

高雄財神廟

地址：
高雄市三民區懷安街205號

電話：
（07）3873168

高雄關帝廟

廟史沿革

高雄關帝廟歷史悠久，早在咸豐時期就有修建廟宇的記載，表示更早之前關帝廟就已興建；台灣光復以後，由於位於高雄五塊厝地區，於是廟宇改稱五塊厝「武廟」；最近一次重修開始於民國六十三年期間，完成時間則是民國六十八年，當時陸軍一級上將何應欽將軍蒞臨參觀，頒賜「高雄關帝廟」匾額，之後就以此為廟名，香火一直傳承。

當然關帝廟是敬奉「關聖帝君」的，高雄關帝廟主殿中有十八尺高的「關聖帝君」像，兩旁隨侍的「關平太子」像及「周倉將軍」像也是十八尺，正氣凜然；廟外廣場有二十高赤兔馬銅像，值得一觀。

財神殿中文財神及五路武財神

除了關帝信仰，高雄關帝廟有敬奉「月老星君」，也是高雄地區很受歡迎的月老廟；另有「元辰殿」，幫助信徒解太歲避災厄；「佛祖殿」求平安；「魯班殿」則是土木建築業者來祭拜的地方；「財神殿」是在民國九十二年間闢建，供奉「五路武財神」、「文財神」、「福祿壽三仙」，後來更增加了「四面佛」；高雄關帝廟已經成為多元化的廟宇，庇佑高雄一地百姓平安。

招福納財

高雄關帝廟是非常重視道教齋醮文化的廟宇，各式科儀法會非常隆重，元月期間有迎安及求財法會；農曆三月十五是財神爺聖誕，有賜財聚福大法會；農曆七月十五有中元赦罪進財補庫大法會；以及農曆十一月初九有四面佛祝壽祈福開運招財法會；各地求財信眾參加人數眾多。

高雄關帝廟沒有出借發財金，但可以購買發財金，經過「殊文」向財神求財，然後把發財金內金箔貼到廟內金牛上，會帶來好財運。要求正財偏財，聚財守庫，則可以來此補庫錢或存庫錢，不但可以存財氣，更希望能催財氣，賺大錢。

高雄關帝廟適合各行業來此求財，是南部地區重要財神廟之一。

魯班先師殿

關帝廟內也供奉四面佛

周邊景點及推薦美食

高雄關帝廟位在高雄苓雅區，就在高雄港外側，近年來也開放了兩個區域作為觀光景點，一是「光榮碼頭」，一是「新光碼頭」。光榮碼頭腹地廣大，視野遼闊，很多高雄的藝文活動是在這裡舉辦的，幾年前著名的黃色小鴨，就是放在光榮碼頭。新光路底的新光碼頭，有許多新穎又有特色的建築，可以聽浪，可以看海，可以垂釣，走在這裡，吹吹海風，仰頭看看藍天，很是享受，這裡也電影痞子英雄的取景地點，不少人來此一遊。

高雄的旗津港是海鮮勝地，苓雅區臨近高雄港，也是吃海鮮的好地方，跟高雄朋友去過當地的紅毛港海鮮，價格實在，食材新鮮，個人很喜歡他們醃漬的澎湖珠螺，真地很下酒。

高雄的朋友懂吃也能吃，高雄地區的飲食店要能做到大排長龍，絕對要有一定功力；苓雅夜市的南豐魯肉飯就是這樣的店，這裡的魯肉飯不是北部慣稱的滷肉飯，飯上面蓋了一塊滷得恰好的三層肉，非常美味，而北部的滷肉飯，在這裡則叫作肉燥飯，可別誤會了。此外，筍絲跟滷菜也是非常受歡迎的餐點。

關聖帝君、關平太子、周倉將軍

廟宇資訊

高雄關帝廟

地址：
高雄市苓雅區武廟街52號

電話：
（07）7218782

旗山八路財神廟

廟史沿革

其實「旗山八路財神廟」與「新屋八路財神廟」兩個廟是姐妹廟，均由旗山鄉親曾老師所創立，只是現在曾老師致力於新屋八路財神廟的經營，而旗山八路財神廟則由現在的負責人陳先生管理，兩廟雖然互不隸屬，但都是台灣知名的武財神廟。廟史部份，可參閱本書中新屋八路財神廟的介紹。

招財納福

「旗山八路財神廟」沒有宏偉的建築，卻是信眾極多的廟宇，全台有百萬以上民眾曾來此參拜，甚至外國朋友都會來參觀一下；這裡最特殊的是廟外兩隻奇特的招財恐龍，身體像是遠古禽龍造型，背上有刺甲，頭部卻是傳統文化中的龍，常是參拜香客競相拍照的吉祥物。

財神大殿財神爺

廟中的武財神趙公明元帥像，金色官帽旁長長的帽翅上，有一連串金元寶，信眾參拜完神明後，隨喜填增香油錢，然後沿階梯走到財神爺面前，那裡有個元寶功德箱，大錢換小錢，這個開運母錢會助你一臂之力，不要忘記要過香爐，這樣財運才會更旺。

廟裡最受歡迎的是「無字天書」，這可是非賣品，在祭拜韓信爺並敬填香油錢後，可以拿一個紅包，裡面有無字天書，這時候是看不見內容的，把天書放在水裡，會顯現韓信爺給您參考的幸運號碼，不少信眾以這些號碼為依據來購買彩券，據說旗山財神廟求偏財特別靈驗，有不少來參拜的信眾得到大獎。另外還有賭神韓信爺特賜博弈護身符，象徵東南西北、春夏秋冬，四季都能大殺四方，也是信眾來求取的熱門物品之一。

「補財庫接財氣」，則是要看不同行業，求取不同的發財金，寫上自己的姓名或公司名稱、地址等資料，按上指紋，向神明拈香祝禱，再走到財神爺面前添加香油錢，接財氣，然後向財神爺拿一個紅包，裡面有一個開運錢，隨身攜帶或放在家中，會

廟內特製金紙

沾水才能見到數字的無字天書

招來財氣。另外廟內的天篷元帥，則是服務業及業務人員很喜歡參拜的神明，貼得滿滿的名片，可見受歡迎的程度。

農曆春節期間，則是廟裡最熱鬧的時候，廟裡會準備很多玩具給小朋友；這時會推出「發財大炮」，發財大炮是一個裝有很多吉祥物的大爆竹，吊在半空中，炸開後會噴出很多獎品，甚至還有金銀元寶，是年節期間非常受歡迎的活動；另外還有擲筊比賽，有大獎。

過年來接財神大炮的人潮

負責人陳先生經常捐助善款給各地育幼院及慈善團體，而且不計信仰差異，基督教或天主教機構，他也會幫助；陳先生也是釣界名人，最近研發出池釣福壽魚的餌料添加劑「無敵金剛水」，廣受好評，所得盈餘也都拿來濟助貧困，行善不落人後；近年來的春節期間，更提供釣具給大家來擲筊比賽，在釣客間，旗山八路財神廟也是很著名的廟宇。

周邊景點及推薦美食

旗山是歷史悠久的地方，也是早年台灣糖業重鎮，旗山糖廠依舊存在，來到旗山財神廟參拜，不要忘記糖廠冰棒，這可是遠近馳名的。因為糖業而興盛過的旗山老街，則是旗山著名景點，在復興街及中山路處，仍然保有一些日據時代風格建築，石拱造型的騎樓是一大特色，是台灣其他地區沒有的。鼓山公園

（現稱中山公園），位於鼓山山腰，號稱「旗鼓相當」的地理位置，有孔廟在此，林木成群，在這裡可以俯瞰旗山，也是值得來走走的地方。

旗山老街上就有不少美食，著名的有臭豆腐、紹興酒炒飯、旗山枝仔冰等等，傳承超過半世紀的煎肉圓，更是聲名響亮，來此必嚐。旗山的隔壁是美濃，除了粄條，美濃的豬腳、客家小炒、當地出產的野蓮，都很出名；有一家特別推薦的一魚多吃，是在美濃中壇的「美津濃餐廳」，這裡的一魚多吃相當有口碑，水池內十斤等級的活吳郭魚，不只不常見到，更是很難吃到，值得一來。

廟宇資訊

旗山八路財神廟

地址：
高雄市旗山區旗楠三路151-之7號

電話：
（07）6665269

屏東枋山五路財神廟

廟史沿革

屏東枋山五路財神廟，廟史不長，但近年來聲名頗著，是很受歡迎的財神廟。

創辦人邱先生是原中醫師，在民國八十年間到石碇姑娘廟參拜時，也順便到旁邊的五路財神廟敬拜武財神，當天晚上，邱先生就夢到財神爺指示，要在南部地區建立財神廟宇；邱先生當初只是覺得，這只是日有所思、被有所夢，而且建廟的資金也是大問題，所以也沒怎麼放在心上。

沒想到財神爺又來指示，這次給了三個號碼，邱先生就去簽了當時流行的大家樂，沒想到真地中了大獎，雖然有了一筆錢，但要買地建廟，還是不很夠，於是曾

財神大殿財神爺

先生又煩惱了；雖然如此，曾先生依然在屏鵝公路上來回尋找合適的地點，有一天他停車休息時，正好看到一塊土地要出售，附近景觀很像財神爺指示的地點，剛巧的是，地主正要搬遷去與兒子一同居住，知道邱先生購地的目的是要建廟，於是以不高的價格出售給邱先生，初建了五路財神廟。

興建廟宇之後，仍有餘款百多萬元，於是邱先生遵照財神指示，把這些錢當成發財的帶路錢、開運錢，據說曾經有信眾用開路錢一百元買了彩券，中了大獎，還特別買米、買彩券、捐現金來回饋。而中獎後回來感謝財神保祐的信眾還不只一位；於是，枋山有個很會開獎的財神廟，名聲不脛而走，吸引各方香客前來參拜。

由於信眾日漸增加，廟方已有計劃建立新廟，更期待新的財神廟能早日落成，給大家帶來更多的財運。

招財納福

來枋山五路財神廟求財，先要摸摸這裡的陰陽女媧石，摸陰

正在計劃建構的新財神廟

加持開運後，才能帶來更多財氣的幸運品

石去穢氣，再摸陽石頭補元氣，補氣後才能參拜神明。

參拜神明後，可以跟財神爺祈求發財帶路母錢，祈求方式也很簡單，誠心向財神爺稟明自己姓名／生辰／住址等資料，再向財神爺說明借帶路母錢的目的，然後擲筊請求財神爺同意就可以了，記得擲到聖筊就是財神爺同意，擲到笑筊（一陰一陽）可以再擲，擲到陰筊，表示時運未到，就不要再擲了。記得一年之內一定要回來償還，並且感謝財神保祐。

如果求偏財則是向虎爺祈求，方式與求發財帶路母錢相同，如果虎爺同意，那麼將單數的硬幣放在虎爺左邊的元寶箱中，再從右邊的元寶箱裡拿出等值的硬幣，千萬不要貪心多拿，這樣虎爺是不會保祐的；把這個錢母放進紅包袋中，感謝虎爺恩賜，然後過爐三圈，把硬幣帶在身上，會讓您的偏財運比別人更旺，另外也要記得，一年之內要回來還願，感謝虎爺保祐。

廟方也提供很多開運強運的求財幸運品，像聚寶盆、財運符等等，都經過道教儀式加持，給信眾帶來財運；廟方也提供平安燈、太歲燈、財神燈等服務，希望大家都能在財神爺的庇佑中，心想事成，平安順利發大財。

周邊景點及推薦美食

枋山鄉位於屏鵝公路上，公路沿著海岸興建，處處都是觀海的好地方；距離不遠的恆春，除了有國家公園，更是逐潮戲浪的勝地；附近四重溪溫泉，近年來已成為熱門的溫泉旅遊區；新總統蔡英文故居則位於枋山鄉的楓港，相信也會成為枋山地區的觀光景點之一。

枋山地區最有名的，是高品質黑金剛蓮霧及愛文芒果，若是在產季來此財神廟參拜，絕對不要錯過。北邊的東港，南邊的恆春，都是海鮮饕客必來之處，來頓海鮮大餐，不會失望。

廟宇資訊

屏東枋山五路財神廟

地址：

屏東縣枋山鄉枋山村中山路三段52-10號

電話：

（08）8761619

花蓮發發發財神廟

廟史沿革

花蓮「發發發財神廟」，位於花蓮縣壽豐鄉，創立於民國七十八年間，原名「龍君廟」，是台灣唯一主祭「龍德星君」的廟宇。廟地背倚月眉山，前臨花蓮溪，遠眺鯉魚山，象徵水長流、財長住，是難得的風水寶地；民國九十五年才增祀文、武財神等神明，並改名「發發發財神廟」，也是目前花東地區最大的財神廟。

「發發發財神廟」目前依舊奉祀「龍德星君」，這是台灣民間比較不熟悉的神明，但說到農民曆裡面的十二命宮太歲，這個大家可能就比較了解了！十二太歲星早在唐朝時期，道士李淳風的著作中就有記述：「一太歲、二太陽、三喪門、四太陰、五官符、六死符、七歲破、八龍德、九白虎、十福德、十一弔客、十二病

龍德星君及各路財神

符，太陽、太陰、龍德、福德為吉，餘方為凶。」

太歲與生肖間的沖煞，有順算跟逆算兩種方法，所以民間相信，每年都有兩個生肖沖太歲，這屬於命理術算的學問，我們不加論述；而在星曜之學中，「龍德星主貴人，逢凶化吉，努力有成，德望崇高」；象徵貴人多助，由禍轉福，不忌諸凶，能避煞；命逢龍德，則是「喜臨命、身、財、官、遷」；可以轉運。自古以來，「龍德星君」就是吉神，這是毋庸置疑的。

另一個說法，在封神演義中，商朝將軍洪錦，與姜子牙陣營中瑤池金母之女龍吉公主對陣，戰敗被擒；在月老星君作合下，洪錦降周，並娶龍吉公主為妻，兩人在後來的萬仙陣之役中雙雙戰死；姜子牙伐紂勝利後封神，龍吉公主被封為「紅鸞星君」，洪錦被封為「龍德星君」；所以在瑤池金母廟或月老廟中，有時會看到陪祀的龍德星君像；據說未婚女性要請紅鸞星動，未婚男性要請龍德星動，兩星君幫忙去找月老牽紅線，姻緣才會順利；已婚男女要祈求兩位星君及月老，保祐夫妻和諧，感情順利；龍德星君除了吉神財神，也兼具姻緣之神的身分。

廟內供奉的武財神

廟內供奉的文財神

民國九十五年時，據傳財神爺要到日出之地弘法，以庇佑百姓；於是找到了位於東部花蓮的龍君廟，由於花蓮有連發的意思，所以經過神明同意，將「龍君廟」改名為「發發發財神廟」；目前廟內天爐，上面依然鐫有龍君廟之名

招財納福

在龍君廟成立後不久，廟宇所在，東部發生大旱，當時台東縣長鄭烈先生，特別來到的龍君廟求雨，果然如願，解除旱象，龍德星君的靈驗，就此遠播；發發發財神廟中的龍德星君像，是由千年紅豆杉雕刻而成，高三點四尺，法相莊嚴。

在發發發財神廟中可以借「發財金」，一次拿起三對筊，向神明稟告自己姓名/生辰/住址/行業，誠心向財神爺祈求賜予發財金，擲出一對聖筊，可借一百元，兩對聖筊，可借兩百元，三個聖筊，可借三百元！發財金可以隨身攜帶或放在收銀機裡，象徵隨時都帶著財神爺的財氣；也可以加點錢湊個吉數，如六六六元或八八八元，再存進銀行做發財母錢，財神會賜予錢子錢孫旺旺來。但也不是每個人借到發財金後都能發財，如果運勢未平，留不住財氣，則可以常借常還，運氣流轉，發財不難。

依舊使用龍君廟時期的天爐，不忘歷史

這裡可求「發財袋」，結緣金一百元，向神稟告祈求後，擲出一對聖筊就能得到；求「發財金雞」，結緣金五百元，也是三次擲筊中有一次聖筊就可以；發財袋要隨身攜帶，可保財路平順，隨時都有財寶來；金雞則可供奉在家中或公司的吉位，日日見財。

發發發財神廟中有一個很具人氣的招財法，那就是「換錢洗錢」；這個洗錢不是把黑錢洗白，而是向財神爺換錢，然後洗錢來加持財氣；要先向財神爺稟告個人身分及換錢原由後，先請出聖筊後，隨喜添加香油錢；然後再一次擲五對筊，依據擲出的聖筊數，在財神爺面前的願望箱取出新銅板；將新錢拿到正殿前聚寶盆洗乾淨後，放入紅包袋過爐三圈，回去放在家裡錢櫃或抽屜裡面，財神爺會保祐錢水更多更發。

這裡最特別的儀式是「挖元寶礦」，元寶礦在主段中央財神團兩旁；這不是隨時都舉行的儀式，要先跟廟方問清楚時間，以免向隅；而且不是每個人都能挖，挖礦當日，要擲出三個聖筊得到財神爺同意，並敬獻轉運金後，才有資格挖元寶礦，至於會挖到發財金牌、還是發財金元寶，這要看個人財運高低了～～

周邊景點與推薦美食

壽豐鄉位於花蓮市南方，依山傍海，風景秀麗；隨著國民旅遊的盛行，好山好水的壽豐，現在也是著名的旅遊勝地。來到這裡，可以上山下海，海邊有花蓮海洋公園，山上有鯉魚潭風景區，山腳下有以養殖黃金硯著名的立川漁場。另外，壽豐鄉有著名的台灣玉，出了壽豐火車站，沿著台九線，就有好幾家玉石工坊，不妨來一段尋寶之旅。

壽豐鄉的美食，山產海鮮都有。樹屋餐廳是很著名的美食餐廳，活跳跳的醉蝦、刺蔥料理、阿美野菜，都非常有特色。壽豐沿線海岸沒有污染，海產豐富，尤其來這裡吃龍蝦，是不可錯過的享受，規模比較大的是055龍蝦九孔專賣店，以及鹽寮海鮮餐廳，各式海產就擺在店裡，任君挑選，保證新鮮！

壽豐還有兩個一定要推薦的美食，一個是壽豐冰果店，以早年傳統方式製冰，用料實在，晚去了沒得吃；另一家是公正街包子店，不要小看這裡的蒸餃、小籠包跟水餃，一家店可以開到全年無休，二十四小時營業，常常大排長龍，而且還提供宅配服務，不難想見它受歡迎的程度。

壽豐鄉好玩好吃的太多，如果來發發發財神廟參拜，真地要多留幾天，絕不會失望的。

廟宇資訊

花蓮發發發財神廟

地址：
花蓮縣壽豐鄉月眉村三段131-3號

電話：
（03）8631158

台東財帛如意宮

廟史沿革

要說台東最受歡迎的財神廟，要屬「台東財帛如意宮」。這座位於東台灣的廟宇，聲名顯著，春節期間特殊的「搖財神」儀式，深受信眾歡迎，也經常被新聞節目所報導。

財帛如意宮原本是敬祀土地公的神壇，稱為「長林壇」，在民國七十二年建立，神明經乩身降臨，為信眾解惑消災；有一日的白天，在神壇辦事的時候，財神經由乩子降臨，指示要在台東地區建立廟宇，庇祐信眾，並頒賜旗號，稱「財帛如意宮」，開始了建廟起源。

現在的財帛如意宮是民國九十三年才成立，主要敬奉「五路武財神」，財神座前「招財」、「進寶」二童

正殿財神爺

子，以及兩位護駕將軍「九冠呂將軍」及「如意曾將軍」。跟我們熟知五路武財神的起源稍有不同，台東財帛如意宮有另一種說法，極具故事性。

據說趙公明元帥在封神台封神時，對於財神這個職位非常不滿，因為財神是文職，不符合趙元帥武將的身份，於是拒不受封，掉頭就走；姜子牙大急之下，立刻向師傅元始天尊求助，元始天尊於是向西方教主準隄真人借調兩位童子，推著兩臺裝滿金沙的車子，會同他受封的四位天官財神，一起攔截趙公明元帥。

在農曆正月初五的時候，趙元帥被兩位童子用金沙埋住，趙元帥法力高強，沒多久就爬了出來，四部財神因為畏懼趙元帥的勇武，分向四方而逃，兩位童子因為推著車子，逃避不及，被趙元帥攔了下來，正當趙元帥大發脾氣之時，元始天尊及準隄真人及時到來，大家商量的結果，在趙元帥的財神封號上加一個武字，稱為武財神，趙元帥才勉強同意，鎮守中路，而其他四部財神，則被封為東南西北四路財神。

而後玉皇大帝封趙元帥為三十六路天官之首，五路武財神也受命為五路天官武財神，而當初推著車子用金沙埋住趙元帥的兩

搖財神的財神座前童子

位童子，則被封為招財童子及進寶童子。

據說財神爺、兩位童子、以及兩位將軍經常降臨財帛如意宮，很是靈驗，財神廟的名聲也越來越大，成為東部地區重要財神廟之一。

招財納福

財帛如意宮最著名的，是迎財神那天的「搖財神」儀式，因為招財進寶兩位童子，跟隨財神回到天庭，會在農曆初五那天，帶著滿車的金銀財寶回到人間，所以財帛如意宮會在初五子時前一刻，大概初四晚上十一點四十五分左右，將兩位童子的神像移到戶外，一到子時會大鳴鞭炮，迎接兩位童子回壇，這時信眾爭相接過神像，用力搖晃，並且口喊「進喔」！象徵把金銀財寶搖進自己口袋，新的一年財運興旺。

在春節時期，除了搖財神，如意財帛宮也會準備「登財橋」讓信眾通過，消去過去一年穢氣，迎

正月初四搖財神，大家歡喜

接新年財氣，也順便打小人，期待新的一年能夠廣結善緣；也可以摸摸元寶，把財氣帶回家。春節前來此點「財神燈」、「平安燈」的民眾也很多，要來此祈求財神庇佑，最好早點來登記。

平日期間，廟方服務人員都會在場，有任何需要，都可以向廟方人員詢問。

周邊景點及推薦美食

財帛如意宮位於台東市與卑南鄉交界之處，旅遊地點很多，海邊有小野柳風景區，賞鯨季節則有賞鯨船；海濱公園跟自行車步道，也是值得一去的地方；市區附近有台灣史前文化物館，鐵道藝術村等等；如果喜歡到山上走走，鯉魚山及琵琶湖都是很合適的地方。

台東依山面海，融合閩、客及原住民族群，又是好山好水，各種美食很多，除了著名的海鮮外，小吃也是不少；寶桑路那邊的肉丸店，去晚了吃不到；卑南鄉的卑南豬血湯，豬血的口感脆實，跟一般我們吃到的軟嫩豬血不同；台東市區內的老台東米苔目跟隔壁的林家臭豆腐，則是部落客口中相傳已久的名店。每年十月下旬是台東旗魚盛產的時候，來到台東，不要錯過了新鮮旗魚料理。

廟宇資訊

台東財帛如意宮

地址：
台東志航路一段827-1號

電話：
（089）235591

宜蘭礁溪海滴宮醉財神廟

廟史沿革

宜蘭地區較著名的財神廟，原來是「礁溪八路財神廟」，新聞也曾報導過，但原因不明，八路財神廟已經不在原址；目前名聲逐漸響亮的「礁溪海滴宮醉財神廟」，成為宜蘭地區拜財神的重要廟宇之一。

「海滴宮醉財神廟」，是由「桃園龍潭報恩宮」分靈至此；報恩宮的創辦人，早年因為生意失敗，被債主逼到不得已，只好跑到宜蘭三星鄉的山區居住；有天，兩夫妻在溪邊看到兩尊神明，於是把神明移到溪邊並簡單建了個遮風避雨的地方，有天神明托夢，要他們去山下土地公廟拜拜，燒一些補運金，運氣就會變好；夫妻照做後，果真開始賺錢，不但還清債務，還買了新屋，為了報恩，於是在龍潭石門山地區建立宮廟，敬拜財

正殿祭祀醉財神濟公禪師

神，稱「報恩宮」。

民國九十四年間，經神明指示，報恩宮財神爺分靈到宜蘭礁溪地區，建立了海楠宮，庇佑當地信眾；但由於財神本尊需要鎮守報恩宮本寺，於是由「濟公禪師」來此坐鎮，稱為醉財神廟，更因為廟址就在二高礁溪交流道邊，又備有腹地廣大的遊覽車停車場，交通方便，來這裡參拜的信眾也逐漸增加。

招財納福

既然稱為醉財神廟，海湳宮當然敬祀「濟公禪師」，而兩旁則是敬奉「五路武財神」及「福德正神土地公」；現在的醉財神廟仍在初建階段，但相信以後興建新廟，一定會成為熱門的財神廟之一。

一進到廟宇，先會看到濟公禪師像，兩旁寫有「日行一善，功德無量」，行善事，結善緣，積福德，財源自然滾滾來；敬拜完神明後，可以祈求「平安賜福金元寶」及「招財補庫金元寶」，這個不是真正的元寶，而是燒化給財神爺的供品；求來金元寶

七星轉運橋

後寫下自己心願，在濟公活佛前的香爐過一圈，則可拿回家中神案上或者財位上，公司行號則可以放在櫃檯或收銀機上，初二十六拜土地公時燒化即可。

廟內的「錢王轉運卡」很受歡迎，濟公禪師指示：「乾坤任我轉，勝利由你求」；只要在濟公禪師前擲的一個聖筊，在功德箱中投入工本費，就可以取得；來到這裡，「七星轉運橋」是一定要走的，「法橋步上消百劫，七星驅邪佑平安」；另外一個特色是九位彌勒財神許願瓶，分別代表「運途」、「事業」、「貴人」、「偏財」等等九種願望，號稱「見我得福，摸我發財」，一定要來祈求好運。

「財神爐」不是香爐，而是看您跟財神有沒有緣份；敬拜完濟公禪師及諸位神明後，常看到信眾在此盯著香爐看，或許心生感應，可以在爐內的砂上見到神明賜予的幸運數字；如果看不出來，也可以捐獻一些功德金，拿廟方準備好的明牌，也許就是這麼好運，讓您增添偏財。

錢王轉運卡.psd

特別的濟公酒，可以保平安

正殿濟公禪師前有「濟公酒」，這可是其他廟宇很少見到的，只要誠心向濟公禪師祝禱，擲出一個聖筊，就可以跟濟公禪師結緣，取得濟公酒一瓶，當然這有工本費的，一瓶一百元；濟公酒是保平安的，淺酌幾杯就可以了。

由於海湳宮醉財神廟交通方便，又備有遊覽車車位，除了方便前來的信眾，也會讓往返的旅行團停靠休息，旅客間口耳相傳，醉財神廟也越來越受歡迎。

周邊景點及推薦美食

來到礁溪地區，第一個想到的就是溫泉；這裡有各種不同消費、不同風格的溫泉旅館可以選擇；湯圍溝溫泉公園則是近年來很出名的泡湯地點，某個知名琵琶喉糖「貴妃出浴篇」的廣告，就是在這裡拍的，園區內有浴池、泡腳區、涼亭公園等，值得來走走；賞鯨季節則可到烏石港出海賞鯨，宜蘭博物館設計特殊，也是很受人們歡迎的觀光景點。

礁溪最出名的就是甕窯雞，從交流道下來有整排的甕窯雞店可以選擇，當然不會只吃雞肉料理，宜蘭著名

湯圍溝溫泉公園

的三星蔥、溫泉料理空心菜、冷泉野蓮，都要嚐一嚐；宜蘭的台灣鯛品質上等，肉質細緻又沒土味，礁溪地區就有不少專門台灣鯛的餐廳，最推薦的方式是鹽烤，吃得到新鮮原味；喜歡海鮮的話，在醉財神廟北邊不遠的烏石漁港，價格實在，選擇又多，老饕不會失望。

廟宇資訊

宜蘭礁溪海湳宮醉財神廟

地址：
宜蘭縣礁溪路七段138號

電話：
（03）9872484

第二節 不是財神廟，卻是企業及名人的最愛

板橋慈惠宮

廟史沿革

慈惠宮創建於清乾隆十五年，當時有福建漳浦人林成祖號召鄉親一起來到台灣擺接堡開墾（即目前板橋、中和、永和全部、以及土城大部分區域），為了祈求耕作順利收成好，就在田間供奉土地公。當時有一位唐山師父，從福建湄洲奉請一尊天上聖母來到台灣，並築了一座茅草屋供奉。後來來台開墾的漳浦同鄉知道之後，便集資蓋了一座小廟安置聖母，供善信焚香膜拜，而這就是慈惠宮的初址。

由於聖母慈恩廣被，香火愈來愈旺，信徒愈來愈多，於是在同治十二年進行重修，此時才粗具屋宇規模。當時台灣首富林本源家子輩林國芳先生，見本宮不敷使用，乃發起改建廟宇而再次興工，奠建了目前慈惠

媽祖娘娘正殿旁邊財神殿，就是財位

宮的基礎。

光緒十七年，林新傳先生為增添廟宇氣勢，將屋頂升高至一尺五寸，工程費用均由擺接堡內漳州地主捐出，至此，廟貌煥然一新。

光緒廿一年，慈惠宮前殿牆壁坍塌，管理人林清山先生召集募捐修繕，於同年落成並舉行慶成大典。目前的慈惠宮，則是民國六十四年，為因應板橋市推動舊市區更新計畫，由當時管理人朱茂陽先生策劃修建，歷時十年，完成三層樓式美輪美奐的宮殿廟宇，後來屢經擴建，慈惠宮聖殿始有了今天的面貌。

板橋慈惠宮是板橋當地信仰中心，現在的慈惠宮雖然也敬祀文財神比干與五路武財神，但嚴格說來，慈惠宮不是財神廟，而是媽祖廟。慈惠宮現在聲名遠播全台，跟台灣首富郭台銘先生有很大關

板橋媽八路財神燈

神明保祐許願欄

係。民國五〇年代，慈惠宮旁是板橋派出所，郭台銘先生的父親當時擔任這裡的警佐，曾經借住當時慈惠宮旁的舊廂房，一直到郭父調任中永和後才搬走。

後來郭家搬走後，郭台銘先生還是常常和家人回慈惠宮參拜；在郭先生事業有成前，有位命理師指出，當時郭家借住的廂房就是財位，於是廟方把這個位置，改為奉祠文武財神的財神殿。二〇〇三年慈惠宮再次擴建時，郭家還特別捐助了宮門前兩旁大龍柱；經由媒體報導，慈惠宮成為求財的信眾必拜廟宇之一。

祭祀神祇

慈惠宮雖是媽祖廟，但供奉的神明眾多，共有九個香爐分別位於三層廟宇內，依敬拜順序，我們一一介紹如下：

1 媽祖爐

慈惠宮一樓正殿主祀天上聖母，神龕前陪祀中壇元帥聖像，殿前有全台最高，一丈的木雕神像千里眼、順風耳護駕。左偏殿財神殿供奉文財神比干及五路財神，右偏殿千歲殿供奉

關帝爺聖像

盧府千歲、五年千歲及五府千歲。

2天公爐

三樓凌霄寶殿主祀玉皇上帝。其座前陪祀有太陽星君、太陰娘娘並有南斗星君及北斗星君為輔。

3功德爐

二樓右廂功德堂供奉歷代主持師父、有功德先賢、金浦會七十二賢士等。

4鎮殿媽祖爐

二樓正殿主祀鎮殿媽祖、開基媽祖、三寶佛祖，偏殿供奉觀世音菩薩、地藏王菩薩。

5虎爺爐

二樓偏殿虎爺殿供奉虎爺公。

6三界公爐

二樓三界公殿供奉天官、地官與水官大帝，偏殿奉祀才光明佛及註生娘娘、臨水夫人陳靖姑。

7光明爐

二樓光明殿供奉湄洲三聖媽祖及關聖帝君、文昌帝君。

8太歲爐

一樓太歲殿供奉圓明斗姥星君、及六十甲子太歲星君。

9圓通爐

一樓圓通殿供奉千手千眼觀世音菩薩、考生祈求金榜題名魁斗星君、及牽紅線結姻緣的月老公。

招財納福

如前文所述，慈惠宮雖有敬祀文財神比干及五路武財神，但畢竟不是財神廟，所以沒有很多特別的求財儀式。在敬拜完媽祖及諸神明後，別忘記到一樓正殿左右側摸摸發財元寶，在財神殿元寶前有功德箱，據說捐獻一些金香錢，會得到財神庇佑。

另外廟內也提供八路財神燈的服務，祈求諸事順利，事業亨通，點燈後廟方會提供發財金一份。發財金可以隨身攜帶，或放在家中財位或者收銀箱中，作為鎮座寶物，會保祐財氣越來越旺！

周邊景點及美食推薦

慈惠宮的交通是相當便利的，如果白天來參拜，可以到附近板橋

熱鬧的湳雅夜市，一定要來

西門街有好海鮮

林家花園走走，也可到以板橋後火車站商圈（現在叫府中商圈）逛逛，板橋新站外則是遠百商圈。如果是傍晚來，慈惠宮附近是著名的湳雅觀光夜市，不來晃晃真的可惜了。

府中商圈的巷弄內，有不少隱藏的美食小吃，可以從重慶路巷子裡開始尋幽探訪，咖啡廳不少，喝個下午的咖啡，享受午後的愜意。湳雅夜市裡面，有著名的當歸排骨、當歸土虱、麻油雞，不要錯過。林家花園停車場的西門街一帶，則有不少美食，晚上才開門，冬天最著名的是帝王林家薑母鴨，經常大排長龍，薑母鴨斜對面的龜山島海產，則有各地海鮮，有一般市區很少吃到的地震魚、深海雀鯛等等，依據季節不同，提供各種海味，值得推薦。

廟宇資訊

板橋慈惠宮

地址：
新北市板橋府中路81 號

電話：
（02）2965-0014

埔里地母廟

廟史沿革

埔里地母廟」，全名「埔里寶湖宮天地堂地母廟」，是台灣地母信仰的總廟，也是著名企業家施振榮一家篤信的廟宇，在埔里地區神蹟顯著，頗是靈驗，是地區信仰中心。也因為施振榮先生的關係，埔里地母廟雖然不是財神廟，卻成為台灣科技廟之一，近年來是求財者參拜的熱門廟宇。

埔里地母廟，據傳起源於清光緒年間，由當時埔里鎮梁姓族人，奉祠頌持地母真經開始，民國六年時，梁家的神爐發爐，梁家人因此擲筊向地母娘娘請示，暫時遷移他處，沒多久後埔里發生大地震，但因地母娘娘顯靈保祐，梁家家人都得平安，而後梁家人在當地寶湖窟立祠祭祀。

香火鼎盛的地母廟

在民國三十六年，在現今廟址奠基建廟，歷經三年餘，於民國四十年完成，由於香火興旺，信徒遍及全台，「寶湖宮天地堂地母廟」履經擴建修整，慢慢形成現在規模；在民國八十八年九二一地震時，南投地區損失嚴重，但地母廟僅有輕微損傷，但為防範未然，仍由各地信眾捐獻加固廟宇，施振榮先生跟潤泰集團尹衍樑先生也有捐助。

民國九十二年，西元二〇〇三年，廟方興建象徵「仁義禮智信」五美德的牌樓，全部工程款都由施振榮先生奉獻；一直到民國九十四年，整體宮廟才全部完成。

祈福消厄

地母信仰歷史相當悠久，自古所謂「皇天后土」，一是敬拜天神，二是敬拜地神，也就是「地母」；「地母」是庇佑大地，護持眾生的慈悲之神，在台灣的信仰之廣，不下於「關聖帝君」、「媽祖娘娘」、「觀音菩薩」等神明。

眾所周知，施振榮先生的母親施陳秀蓮女士，在埔里獨立撫養施先生長大成

人，早年非常辛苦，施女士身體不好，常常生病，後來施女士經地母廟籤詩指示，要恭頌往生咒，要幫孤魂野鬼辦超度法會，施女士照辦後，身體果然恢復健康。施振榮先生的二子，小時候脫腸，施女士帶著他到地母廟祈福，地母娘娘告知：多騎腳踏車就會好，沒想到真地好了，從此施家對地母的信仰也更堅定。

另一個故事，宏碁集團曾經被偷走價值數百萬美元的ＩＣ元件，特別來請地母指示，並尊請「鹿港城隍廟」的「八爺范將軍」北上坐鎮，果然在五天內就破案；除了施振榮先生，宏碁人也經常參拜地母廟，消息傳出，地母廟漸漸變成科技業者求財求平安的廟宇之一。

來到「寶湖宮地母廟」，把車停在山下停車場，沿廟前大道走上來，就可以看到施先生敬獻的牌樓，然後依指示方向，經過「八卦九龍池」進入殿前廣場，依據廟方指示參拜即可；一樓為祭祀「地母尊者」、「天上聖母」、「瑤池金母」的坤元殿，兩旁則為福德廳及城隍廳，在這裡敬拜後，再走到後面，經兩旁樓梯，走到宏偉的「神農殿」、「乾元殿」、兩旁的「太陽殿」及「太陰殿」，來敬拜諸位神明；求平安，求健康，求福財，求消災解厄，在這裡都可以。

廟前「九龍八卦池」，是鎮守風水命脈之處，據香客表示，池水有袪病、解厄、鎮災的效果；廟方只在農曆的「戊日」開放，就是農民曆上面的「戊子」日，「戊寅」日……等日，開放時間是從早上八點到下午五點，進入前要先向地母娘娘稟明自己身分及入池目的，要連續三個聖筊得到允許，並由廟方人員監筊後才發給入池卷；不但不能任意進入，也千萬不要像許願池般任意投入硬幣，這對神明是大不敬，切記切記。

周邊景點及推薦美食

除了臨近日月潭，埔里旅遊名勝也不少，埔里紙教堂是一座完全以紙張製作的教堂，原來是日本為紀念神戶大地震而建立，當神戶地震十週年時，台灣新故鄉基金會董事長廖嘉展參加了紀念會，得知這座紙教堂將要拆除，於是希望能將這座教堂移到台灣，作為地震社區重建的交流平台，日方允諾後，教堂在二〇〇五年來到台灣，並在二〇〇八年重建於台灣埔里。

埔里是台灣紹興酒的故鄉，埔里酒廠也是台灣歷史悠久的酒廠之一，早在日據時代大正六年就已建立；雖然近年來台灣紹興酒的銷售量不如以往，但酒廠結合了埔里當地名產，進行產業再造，酒廠內的紹興酒蛋、紹興冰棒、紅麴紹興香腸、台酒冰棒、埔里酒廠限定的紹興米糕、台酒牛軋糖、小山羊羊肉爐，更是打下好名聲，來到埔里酒廠一遊，不會失望。

鯉魚潭是埔里另一個著名景點，風景相當秀麗，鯉魚潭中央有一道柳堤，將鯉魚潭分為兩邊，所以鯉魚潭也有小西湖之稱；鯉魚潭是

從乾元殿遠眺埔里

經常有進香團來此參拜

一個天然湖泊，山清水秀，比較少人知道的是，鯉魚潭有放養淡水烏魚，每年十二月是烏魚收成的時候，喜愛嘗鮮的饕客，可以來這裡嘗嘗特殊的埔里烏魚子。

埔里是山間小鎮，關於當地美食，報章雜誌及電視節目多有報導；這次要特別介紹一家位於河南路跟隆生路交叉口的游記古早味，店裡都是傳統小吃，像炸蚵嗲、肉嗲，以及用炸蚵嗲的炸粉料理的炸物，還有蘿蔔糕、碗粿等等，份量扎實，沾料簡單，尤其是碗粿，一大碗才20塊，一點蘿蔔乾，恰到好處的醬油，真地是令人懷念的滋味；店面不大，經常滿座，還有外帶的客人，如果來這裡要排隊，清爽的埔里味道，值得您耐心等一下。

廟宇資訊

埔里地母廟

地址：

南投縣埔里鎮枇杷里枇杷路94號

電話：

（049）2982873

龍潭慈恩堂地母廟

廟史沿革

「龍潭慈恩堂地母廟」的起源，來自於宏碁集團創辦人施振榮先生。施先生父親早逝，從小由母親撫養長大，施先生的母親是南投埔里人，篤信地母，也是埔里「寶湖宮地母廟」的虔誠信徒，施先生事業成功後，施母也成為宏碁集團的一份子，平常非常照顧員工，被稱為「宏碁阿嬤」。

在宏碁發展的歷程中，地母信仰扮演著相當重要的角色，業界周知，在宏碁向外開疆拓土的時候，每開一家分公司，施先生都會請來地母令旗，大區域請大令旗，小區域請小令旗，希望地母娘娘坐鎮，保祐事事平安與生意興隆，這個傳統一直到宏碁前總經理蘭奇先生到任後才結束。

慈恩堂中敬祀的地母娘娘

西元二〇〇〇年時，宏碁面臨危機，尋求轉型，施先生的母親特別帶領宏碁員工到地母廟祈福；隔年汐止東科大樓失火，就是沒有燒到旁邊的宏碁總部，宏碁人對此嘖嘖稱奇，施母也相信這是地母娘娘顯靈，讓宏碁逃過一劫。

同年，宏碁轉型成功，成為世界知名企業，但施先生的母親在西元二〇〇一年的九月過世；為了完成母親遺願，施先生捐贈兩千多萬，在龍潭渴望園區，建立了慈恩堂，供奉地母娘娘。直至今日，「龍潭慈恩堂地母宮」，依然在渴望園區的一處公園旁，默默保祐眾生。

祈福消厄

「慈恩堂地母宮」不是財神廟，也不如一般人想像的富麗堂皇，這裡是一些科技人會來的廟宇。慈恩堂佔地不大，旁邊是「春正福德宮」，宮內敬拜土地公。

會來慈恩堂參拜的信眾，多以龍潭科技園區的員工，以及龍潭當地居民為主；外地專程來的不多，附近是著名的六福村野生動物園及

慈恩堂旁春正土地公

秋天時的芒花花海

小人國，一些自行開車的遊客，會在入園前會來這裡參訪；「慈恩堂」不燒金紙，不燃蠟燭，堂中備有清香，信眾只要帶鮮花素果來供奉即可；這是一個清雅的小廟，帶著虔誠的心，祈求地母娘娘保祐事業順利，身體健康，家宅平安。

周邊景點及推薦美食

慈恩堂所在的渴望園區，占地五〇餘萬坪，雖然興建了許多高級住宅，但生態保育區域仍保有全區三分之一以上，園區內綠意盎然，花木扶疏，慈恩堂旁邊是一個公園，有很大的草坪，可以帶寵物來這裡走走，天氣好的春末秋初，非常適合來這裡散步野餐。

附近則有著名的小人國風景區，以及六福村野生動物園，也很適合全家一起來玩；由於慈恩堂所在的渴望園區位處龍潭台地，附近餐館不多，只在進入園區前的中原路上有一些餐館分佈，建議可以先在龍潭市區品嘗客家美食後，再來慈恩堂參拜。或者一早參拜完後，選擇去六福村或小人國遊玩，來個輕鬆一日遊。

廟宇資訊

龍潭慈恩堂地母廟

地址：

桃園市龍潭區渴望路2006號巷內（渴望園區內中央公園旁）

慈恩堂 臨近六福村

台北長春路四面佛廟

廟史沿革

其實台灣最早的四面佛，是由中泰賓館供奉的，但當年並未開放讓一般民眾參拜。目前位於六福客棧後方，由六福客棧創辦人莊福先生自泰國迎回的四面佛，是台灣第一尊對民眾開放的四面佛。這尊四面佛原來供奉在六福客棧頂樓，後來因四面佛指示，要與信眾結緣，才遷移至現址，遷移後香火鼎盛，信徒眾多，至今已有三十多年歷史。

關於四面佛，嚴格說來應該稱為四面神，是印度信仰中創造天地及文字的大神，名為梵天，擁有四個面相，依據順時針方向，分別掌管人間事業、愛情、財富、及平安。

據稱非常靈驗的長春路四面佛

由於在佛教中「梵天」被視為「釋迦牟尼佛」的護教天王，所以才被稱為「四面佛」，在泰國廣受民眾信奉，稱其有求必應，相當靈驗。在台灣也有相當多四面佛的信徒，不論孕婦祈求胎兒平安、情侶祈求情路順利、病人祈求早日康復、生意人祈求財源廣進，順利應驗者所在多有。

長春路四面佛廟其實不大，地址在長春路一六八號，如果搭乘捷運，可在新蘆線松江南京站下車，往四平商圈方向走路大約五百公尺，右轉進入松江路一三三巷就可以看到。由於四面佛廟位於台北市區，停車很不方便，還是建議信眾盡量搭乘大眾交通工具，可以節省很多時間。

廟旁就有販售鮮花等供品的商店，可就近採購，不一定要專程攜帶。

招財納福

關於參拜方式，泰國跟台灣有些許不同。

泰國參拜方式

在泰國參拜四面佛之供品，以蘭花、萬壽菊為主；若是求愛情，也可用玫瑰。依據順時針方向，從正面開始，每面佛前祭拜三柱香、一枝蠟燭、一串鮮花；在每一面都祈求相同內容，許願前先向四面佛告知還願方式，再祈求自己願望，很多泰國人相信這樣願望比較容易實現。

當願望達成後，備妥十二柱香、四支蠟燭、四串鮮花，只向正面佛參拜，並依據當初祈願時許諾的還願方式，如捐贈、奉獻神舞、奉獻木刻大象、或者放生等等。因為宗教習俗不同，泰國四面佛並沒有求籤跟擲筊的儀式。

台灣參拜方式

關於台灣四面佛的拜法，坊間眾說紛紜，但一般認為，一定要拜四個方位，不要有所偏頗。也有傳說，每個禮拜四的晚上七點到九點，是四面佛聆聽信眾願望的時候，所以在這個時間向四面佛祈禱，最為靈驗，這個時刻聚集的信眾也最多、最熱鬧。

一般四面佛的拜法，是從正面開始順時鐘膜拜，每面三炷香、一支蠟燭、跟一串七色花。祭拜完四個面後，另準備清香七枝、七色花一對、蠟燭一枝，回到你祈求願望的那一面，獻上七色花及香燭，告訴四面佛自己的姓名、生辰、地址，並詳細地說出你的心願、還願方式及時間，之後再將剩餘的七柱香植入香爐內。

另外也有另一種拜法，正面佛供奉三柱香，順時間其他三面佛各

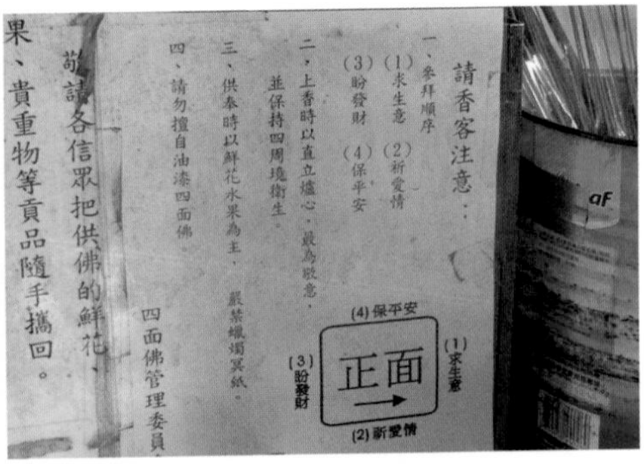

參拜順序，一來就知道怎麼拜

廟內放滿信徒還願的花束

一柱香，最後再回到正面供奉一柱香，感謝四面佛。供品是七色鮮花及素果，水果數量供奉一、三、五的單數即可。

求籤與還願

關於還願的方式，在台灣多以供奉蘭花、七色花、大象為主，一定得依當初向四面佛祈願時答應的方式還願。在四面佛廟祈願，不必求籤，事後願望達成再還願就可以；如果心中有疑惑需要大梵天王指點，才要求籤。

求籤的方式，要先稟告四面佛想問什麼問題，拿筊到祈願的那一面的香爐上過爐三圈，問看看四面佛願不願意指點，有聖筊的話再去抽籤。如果是笑筊，那就是問題沒問清楚，要再向四面佛解釋後再擲；如果是陰筊（兩平面朝下），那就是四面佛否決了，要換問題再問。四面佛同意求籤後，要把籤拿回來再請示四面佛是不是賜給你此籤，四面佛同意後再去解籤。

注意事項

四面佛廟面積不大，但參拜人數眾多，尤其每週四晚上七點到九點的時間，常常連廟都進不去。必須提醒孕婦特別注意，在這個時間參拜，千萬要避免碰撞，保護自己安全。

周邊景點與美食推薦

四平街陽光商圈

位於中山區正中心、松江路與建國北路之間的四平街商圈，雖僅三百多公尺，卻相當熱鬧。它周邊除了六福客棧、長春戲院之外，還有許多女生喜愛的生活服飾小店。四平街在銀行林立的南京東路旁，是為迎合朝九晚五的上班族而興起的商店街，因此最熱鬧時段集中在中午休息時間及傍晚下班。

四平街販賣的商品，大多是上班族最愛的韓系服飾、耳環手飾、皮包鞋子、絲巾絲襪等。街尾還有座小型市場，早上是媽媽們採買的菜市場，中午過後特色美食一應俱全，如米粉湯、青蛙下蛋、蚵仔煎等，其中「富霸王豬腳」，更是常見大排長龍的特色小吃店。

廟宇資訊

台北長春路四面佛廟

地址：

台北市中山區長春路168號

關廟山西宮

廟史沿革

關廟山西宮，主祀「山西夫子」，也就是「關聖帝君」，敬奉至今已經三百多年，甚至「關廟」這個地名，也是因為山西宮關帝廟而來；「山西宮」的歷史悠久，香火傳承至今，是台南地區重要的信仰中心之一，台灣著名的棒球選手王建民、郭泓志、陳金峰等，也是「山西宮」的信徒。

早在鄭成功時期，先民從安平，鹿耳門一帶，沿著新豐溪上溯，到現今關廟一帶開墾，興築水利灌溉農田，現在的關廟大潭埤，就是這時候建立；當時居民為祈求地方平靖、風調雨順，於是修葺了土屋供奉關夫子，隨著移民日多，關廟地區也逐漸形成聚落及街市；據記載，「山西宮」的正式廟堂是在康熙年間建立，乾

山西宮正殿，關聖帝君法相莊嚴

隆時期成為正式廟宇。在嘉慶年間，由於當地泉州、漳州居民械鬥，漳州居民在山西宮附近，另外建立了新的街市，稱「關帝廟街」。而後日漸發展，居民也逐漸增加，日據時期地區改制，依據「關帝廟街」地名，將當地地名改為「關廟庄」。民國三十四年光復後，則改為「關廟鄉」。可見山西宮關帝廟與地方發展史的密切關係。

嘉慶後的清朝年間，「山西宮」曾經遭過三次劫難，首先是因為道光年間，清朝政府對台實施稅務改制，而造成農民暴動的「郭光侯事件」，暴亂中前後兩殿遭焚燬。僅於中殿倖存；其後咸豐及同治年間兩次地震，也都造成重大損失，但奇怪的是，兩次地震中，廟宇建築大多損毀，但中殿依然屹立不搖，居民都稱是關帝聖蹟。

日據時代，山西宮仍多次修繕擴建，民國三十一年，有炸彈落在山西宮附近卻沒有爆炸傷民，來山西宮參拜關帝爺的信眾更加虔誠；而後由於「皇民化運動」的推行，山西宮內神明，除了正殿聖像，以及被居民搶救藏匿的殿內第二到

關二太子關平

南天將軍周倉

第五關帝像外，全被焚燬，直到三十四年台灣光復後，鄉民才重修山西宮，並迎回避難神尊供奉。

現在的山西宮關帝廟，是在民國六十四年開始興建，原先位於新殿前方的舊廟，則是在民國七十一年原貌遷移至目前新廟北方，現今為山西宮太歲殿，供奉「斗姥元君」、「月老」、「彌勒財神」，及「六十太歲星君」。

招財納福

山西宮雖然不是正統的財神廟，但關廟地區出外努力有成的鄉民頗多，大家都說是關聖帝君保祐，尤其傳出名投手王建民先生也是山西宮關帝爺「契子」的消息後，來此祈求關聖帝君庇佑賜福的信眾更是眾多。

一般來山西宮祈福求財，主要是敬拜「關帝爺」、「虎爺」、「太歲殿」中的「彌勒財神」。「關公」正義武財神的形象深植民間；「彌勒財神」和氣生財，深受歡迎；而「虎爺」張著大嘴，象徵叼著金銀財寶來，所以來此參拜，除了在所有神明前敬香外，特別在這幾位神尊前祈禱，會得到好財

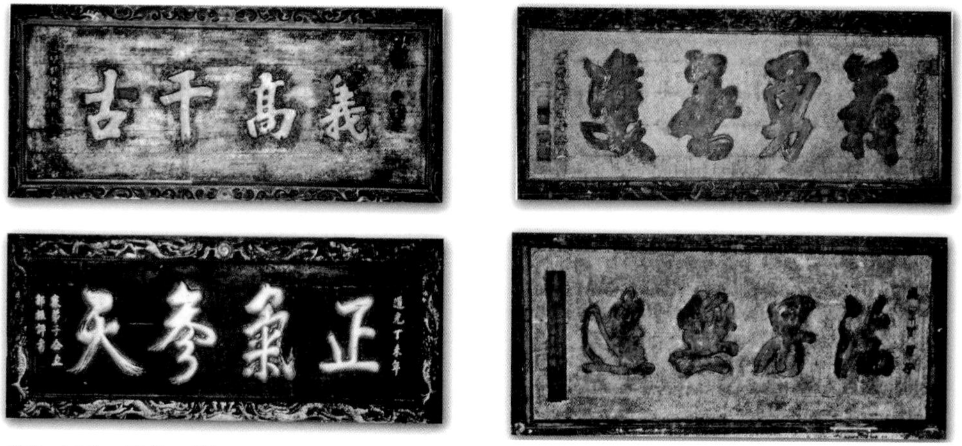

廟內古匾，值得一觀

運。另外，如果覺得自己時運不濟，可以在舊廟太歲殿中祈求轉運茶，喝了轉運。

山西宮首重虔誠，並沒有什麼特殊儀式，只要帶著誠意正心來此敬拜神明，神明自會庇護。

周邊景點及推薦美食

關廟山西宮本就是觀光景點，廟內保存的古蹟頗多；離山西宮約十分鐘車程，可以抵達大埤潭公園，大埤建立於鄭成功時期，歷史相當悠久，潭區水生植物豐富，面積雖然不大，但環境清幽，可以來走走散散心。另一個熱門景點是奇美博物館，不塞車的時候，半個鐘頭內可抵達，也是值得一遊的地點。

關廟有三寶：鳳梨、竹筍、關廟麵，來此地參拜後，不可錯過。關廟地區盛產鳳梨，近年來由於台灣農業進步，一年四季都有各種不同的鳳梨上市，風味各異，除了新鮮鳳梨、鳳梨乾、鳳梨酥等，相當有好評；由於關廟地區的丘陵地形及特殊氣候，竹筍的產量豐富，品質優良，主要有綠竹筍及麻竹筍兩個品種，除了新鮮竹筍，筍乾、筍醬等相關產品，也很受歡迎。

著名的關廟麵，則是以陽光曬乾，與一般的麵條比起來，關廟麵較不易煮爛，泡在湯頭中，也不像一般麵條那樣容易糊掉，口感紮實，雖然近年來才被外界熟悉而深受老饕喜愛，來關廟山西宮，不可不買關廟麵。

廟宇資訊

關廟山西宮

地址：
台南市關廟區正義街37號

地址：
（06）5952135
（06）5957135

台北行天宮

廟史沿革

雖然香火鼎盛，但必須強調，台北行天宮是儒釋道三教合一的廟宇，主要敬祀以關聖帝君為首的五恩主，廟方的宗旨，是推行正信的人生理念及道德教化，不帶商業色彩，不偏功利取向，不迷信人間偶像；行天宮每年有百萬人以上來此參拜，但絕不是所謂的財神廟。

行天宮尊崇的是道教中的「恩主」信仰；所謂「恩主」，是指對人民有恩德的神明，而行天宮主要尊奉的是五恩主：「關聖帝君」、「呂恩主洞賓（純陽祖師）」、「張恩主單（司命真君）」、「王恩主善（豁落靈官王天君）」、「岳恩主飛（岳武穆王）」，以及「關聖太子關平」與「恩師周倉」。

于右任所書行天宮牌匾

行天宮起源甚早，民國三十四年時，三峽地區白雞及海山煤礦一帶瘧疾肆虐，民間頗受其苦，於是當時一位煤礦主「黃欉」（法號玄空，行天宮敬稱玄空師父），發心為民眾請命，向其敬仰的行天堂壇主「空真子」（行天宮敬稱空真子師父）尋求幫助，得到關聖帝君允準，創設「行修堂」來供奉；不久之後，瘧疾疫情袪除；關聖帝君威名傳播鄉里，信仰日益堅定。

民國三十八年，玄空師父在當時台北的九台街，創立了「關帝廟行天宮」，信眾稱「九台街恩主廟」，同年也在三峽新建了「關帝廟行修宮」，行天宮當時信眾非常多，於是又在民國四十七年，在北投忠義山建立了北投分宮。

行天宮三峽分宮的行修宮，擴大興建後於民國五十四年落成；同年，北投分宮三殿式格局的大廟，也舉行了慶成典禮。後來因為九台街恩主廟被規畫為學校用地，於是玄宮師父在現今松江路與民權東路口，興建了現在的「台北行天宮」；建廟時期資金緊迫，但玄空師父不願意增加信眾負

行天宮參拜信眾極多

排隊收驚的人潮

擔，不向信眾募款，而是處理了自己的公司股權來籌措資金，在民國五十七年，台北行天宮落成，成為台北重要的信仰中心。

時至今日，行天宮聲名遠播，除了台灣當地信眾，國外觀光客也來參拜，行天宮並致力社會公益，興建圖書館、三峽恩主宮醫院，創辦行天宮社會大學，及精神醫學，同時提供助學金鼓勵清寒學生繼續學業；並在發生災難時，積極參與救災工作，地區不限於台灣，在四川大地震，日本九一一地震，菲律賓風災，都可以看到行天宮志業體的身影，真正把恩主理念發揚光大。

祈福消厄

行天宮一共有三座廟宇，分別是「台北本宮」、「三峽分宮行修宮」、「北投分宮」；敬祀神明也有不同；「台北行天宮」祭祀的神祇，是上述介紹的五恩主及關公身邊的關平周倉。「北投行天宮」除了祭祀五恩主及周倉關平外，另外祭祀堯舜禹等三官大帝、儒釋道三教教主、關公的結義兄弟劉備張飛、軍師諸葛孔明、關公的父祖、及行天宮重要的創辦人「空真子師父」與「玄空師父」。「三峽行修宮」則較側重關帝信仰，祭祀關聖帝君、聖父——關毅、聖公——關審、聖媽、聖母、關聖二太子關平、關聖帝君關羽、南天將軍周倉、三教聖賢、諸葛武侯孔明、蜀漢昭烈帝劉備、桓侯大帝張飛，以及創辦人「玄空師父。」

由於關公守信重義，是商場上不可缺少的原則，同時由於恩主公澤被蒼生，為信眾消災解厄，所以許多生意人或業務人員，都來行天宮參拜；但行天宮不是財神廟，與其他廟宇也相當不同，行天宮不指香，不燒金紙，不用牲禮，只要雙手合十，誠心向神明祈禱，神明自會保祐；如果有疑問，可以在擲筊取得神明同意後，求籤請廟方解惑。

行天宮最著名的是「收驚」科儀，來此收驚的信眾相當多，常要耐心排隊；祭解法會有「祭星——祈求行運安順」、「祭元辰——祈求元辰光采」、「祭關限——祈求安度難關」、「掩魂——意在護魂解厄」。至於是否需要擲筊得到神明同意，如何登記及可以同時參加那些項目，則可以詢問廟內服務人員；行天宮也有安太歲的服務，不同於其他廟宇，行天宮不收香油錢，不安太歲燈，而是提供太歲星君神位讓信眾帶回家中安奉；行天宮在「祈安法會」期間有提供平安卡，經五恩主及三教聖賢仙佛淨化加持，拿到平安卡的信眾，應避免進入不良場所，修身心口三業，並誦持平安卡後的「金光神咒」，可以避邪護身，常保平安。

行天宮不安光明燈，沒有乩童，不接受信眾捐獻金牌，以及獻戲謝神，不設公德箱向信眾收取香油錢，不對外募捐，一切以社會公益為原則，若您要捐獻，可向廟方人員詢問。

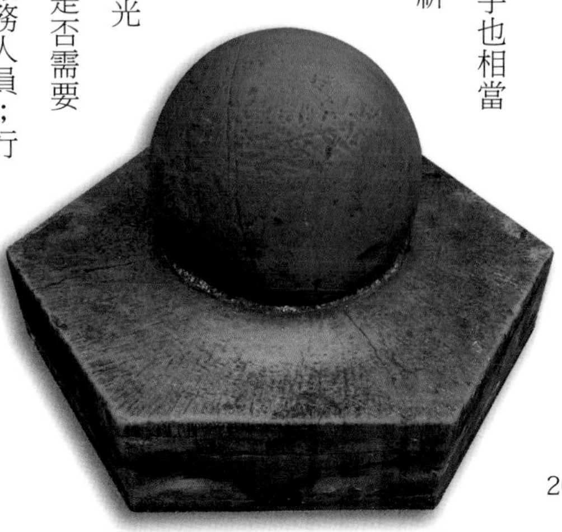

整建三峽行天宮分宮時所發現的圓石

周邊景點及推薦美食

台北行天宮位於台北市區，本身就是聞名海內外的觀光景點，松江路及民權東路地下道內，有許多算命卜卦的攤位，常有日本來的觀光客到此一算；行天宮在著名的錦州街附近，錦州街與松江路，長春路的巷弄內，有着各式小吃美食，從金稻子酸菜白肉鍋、北平天福園刀削麵，到台南阿輝炒鱔魚，參拜完後不妨多繞繞，來趟美食探險之旅，會讓您有驚喜的發現。

廟宇資訊

台北行天宮

地址：
台北市中山區民權東路二段109號

地址：
（02）25027924

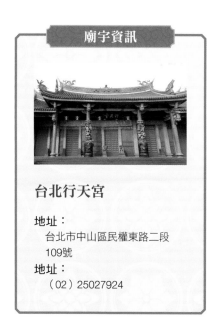

第三章

禮敬財神拜財神

財神怎麼拜才對？如何挑對日子拜財神？

各行各業要拜不同的祖師爺？如何才能招財改窮運？

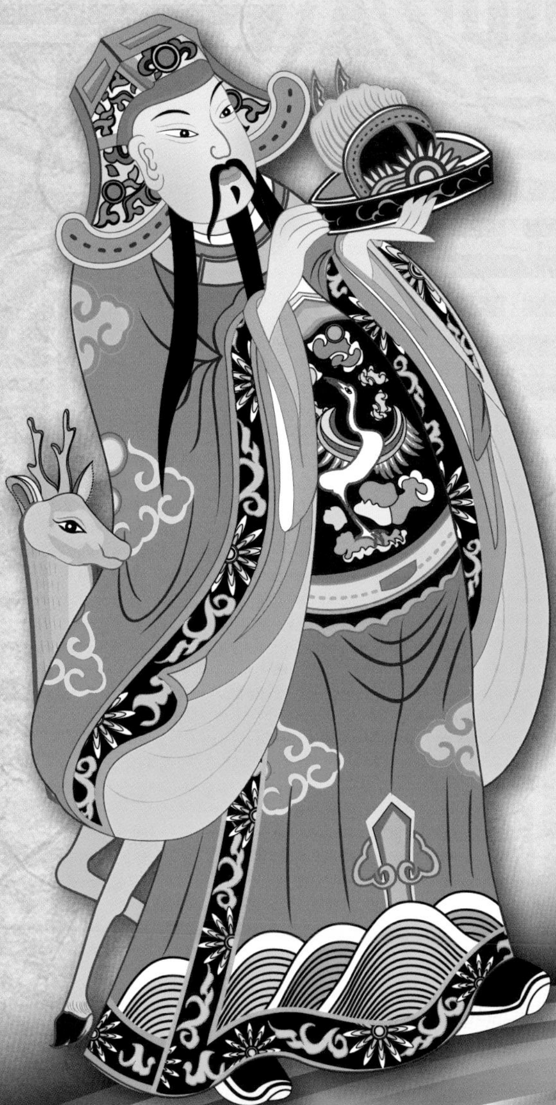

想要發財，就得跟財神爺多溝通，跟自己行業的祖師爺多溝通。什麼時候拜財神？怎麼拜財神？各行各業又是那些祖師爺，多有講究。

拜財神前，請先選對金香！

有些廟宇不禁用外來金香，有些廟宇卻限用廟內提供的金紙，禁燒外金；但在祭拜前，我們一定要了解關於香燭金紙的基本常識。

關於香的選擇，除了台北市的行天宮已經禁止燃香，很多寺廟內有提供免費的香讓參拜信眾使用，信眾也可以自己準備香。根據專業金香行的介紹，一般的香有三種，包括拜神明用的「一尺六香」、拜家宅公媽使用的「一尺三香」、以及一貫道使用的「一尺香」、或「九寸九香」，應該按禮數選用。

如果我們參拜的廟宇，是經過正式受過敕封、設有天爐的廟宇，除非廟方經過神明批准可以使用「一尺三香」，不然祭拜時一定要用「一尺六香」；但如果自己在家中敬拜土地公或

香火鼎盛，為避免香爐被太滿，必須隨時清理香爐

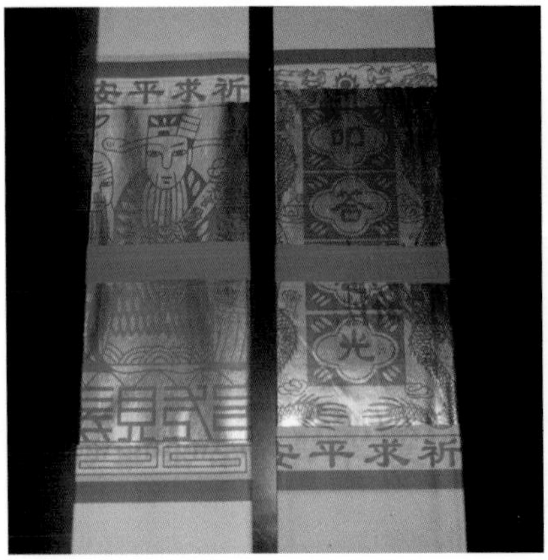

建議使用環保金紙

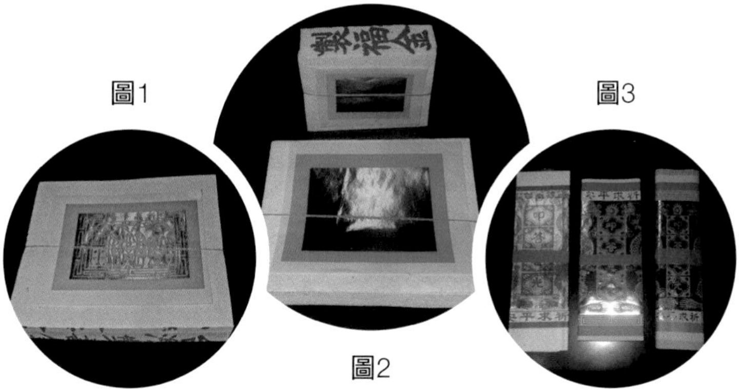

圖1 壽金（中和進芳堂香鋪）　圖2 福金跟刈金（中和進芳堂香鋪）
圖3 叩金（中和進芳堂香鋪）

地基主，那使用「一尺三香」就可以。另外根據金香行提醒，有些信眾為求在芸芸眾生中得到神明「特別關注」，會特地選用比較粗大的香，燃得久一點，心意也多一點。

尤其在香火特別興旺的廟宇，逢年過節香客眾多時，為了怕香爐被插滿，香還沒燃完，廟方人員就會來清理，但對於比較粗大的香，多半會留下，所以現在越來越多香客使用粗的香；然而針對財神，現在甚至有樣式特別的發財香，顏色是偏金色，香上還加註「招財」、「進寶」、「納福」等字樣。

關於紙錢，最基本的概念是：紙錢分為「金紙」跟「銀紙」：「金紙」是燒給神明的，「銀紙」是燒給冥間好兄弟跟祖先的，千萬不可混燒。

一般家中敬拜財神多燒五路金，包括「叩金、壽金、福金、刈金、庫金」，特別講究的，可以另外準備發財金如「招財元寶、消業壽生錢、補運金、五路或八路財神金、貴人接引金、轉運金」等。北部敬拜一些陰廟，像是十八王公廟，則會燒一些比較特別的敬品，例如保險庫、3C產品、麻將等，希望保祐陽間信眾財庫滿滿；美容業者到姑娘廟敬拜時，則準備化妝品、保養品、精品服飾等，希望能保祐生意興隆；敬拜賭神韓信時，除了燒麻將之外，也有人燒象棋，期盼韓信爺保祐賭運亨通。

祭拜土地公，一般準備三金就可以，三金是「叩金、壽金、刈金」，北部這邊會特別再加「土地公金」，也就是「福金」，以表示對土地公特別敬重。

財神怎麼拜？基本敬拜方式

平常時日到財神廟參拜，雖然各廟的方式特色有所不同，但一些基本規矩是一樣的。首先，進入廟宇時要以神明的方向為主，左進右出，也就是當我們面對廟門時，從右邊的門進去，左邊的門出來。有些廟宇的出入口只有一個，例如石碇仙石府劉海蟾師廟，則無禁忌。

無論到任何的財神廟，第一個要祭拜的都是天公爐，而後再向主神及配祀神明敬拜。

到廟宇參拜時，第一個要拜的就是天公爐

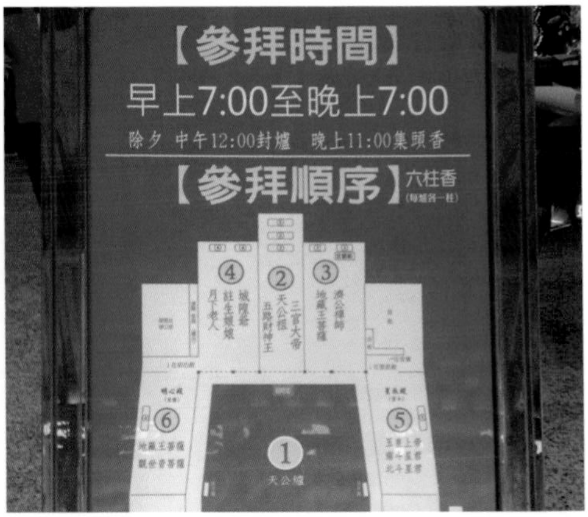

一般廟宇都有參拜順序

財神金（中和進芳堂香鋪）

土地公金（中和進芳堂香鋪）

無論祈求何事，都要先向神明報出自己姓名、生辰、地址等，再向神明祈求。

關於貢品，一般準備水果三或五種、甜的餅乾糖果、以及甜的飲料，至於三牲等，則看各人心意。但有一說，武財神趙公明是回教徒，所以貢品中不可有豬肉。另外祭拜韓信時可以準備菸、酒、象棋等。由於是拜財神，所以水果中最好不要有蘋果，因為不可「貧」；糖果也不要使用核桃酥、鳳梨酥什麼酥的，因為不能「輸」。

關於金紙，各廟規矩不同，大部分都可在廟中購買，不需要特別準備。若要自己帶金紙去祭拜，一般包括給諸神明的壽金、給當地土地公的福金、給廟宇地基主的刈金、以及專門給財神爺的發財金。燒金紙的時間，大概是香燒到剩下一半到三分之一時，燒完金紙後再拿回貢品。

若是在各財神聖誕時祭拜，也可比照人間習俗，準備壽桃、鮮花、蛋糕、發粿等。但我們就維持一個心態，心誠則靈，若財神爺保祐，讓我們發了財、賺了錢，也不要忘記做些公益，補來生財庫。

你該拜哪些財神？

一般來說，財神有文武之分，就行業區別，從事發明設計類、出版創作類等，要拜文財神，像是比干、范蠡、石崇等；而業務人員、房屋仲介等需要業績的行業，則應該拜武財神趙公明；從事交通運輸業、自營商等，要拜關聖帝君。當然這只是大致的分類，如果不清楚自己工作屬性的，一般都拜五路武財神，當然全部都拜也沒關係，有拜有保庇，有拜有安心！

拜財神的日子有講究

一般祭拜財神的好日子，最重要的當然是農曆的正月初五，這天要迎財神；上元天官聖誕的上元節，也就是元宵節，農曆的正月十五，要祈求天官賜福賜財；農曆三月十五，武財神趙公明聖誕，這更是求財的大日子；另外是下元水官聖誕，農曆的十月十五，祈求水官解厄補運。若有特別敬拜的財神，不要忘記在其聖誕祭拜。這裡列出各財神的生日，供讀者參考：

文財神比干——農曆九月初一

文財神范蠡——農曆四月初七，也有跟比干聖誕同一日祭拜的

文財神沈萬山——農曆三月初三

財帛星君李詭祖——農曆七月二十二

五路武財神趙公明等——農曆三月十五

關聖帝君——農曆六月二十四

偏財神韓信爺——農曆六月初九

劉海蟾師——農曆六月初十

各行各業有不同的祖師爺

除了祈求財神賜與好財運，講究些的信眾也會祭拜自己行業的祖師爺，以求精益求精，本業興隆。當然傳說中各個行業的祖師爺很多，說法也有不同，這裡針對較為眾人所知、較有趣味、也跟大家生活相關的各行祖師作來介紹：

紡織製衣業——黃帝軒轅，因為軒轅氏教化人民縫獸皮樹葉為衣，所以被認為祖師；也有一說，黃帝的妻子嫘祖養蠶取絲，所以嫘祖也是祖師爺。

廚師業——易牙，因為太會料理，得到齊桓公寵信，導致齊國內亂。

檳榔業——韓愈，他被貶官到潮州時吃檳榔，是歷史上最有名的檳榔客。

釀酒業——一說是夏禹時期儀狄造酒，所以儀狄成為釀酒業的祖師；也有一說是杜康。

房仲業——在以前是沒有房仲業的，但近年來有人開始稱孟母為祖師，因為孟母三遷，一直搬家，房仲才有錢賺。

漁業釣具業——姜太公，因為姜太公在渭水旁釣魚，才釣到周文王這條大魚，成就了自己的功業。

製茶葉——陸羽，他寫了茶經，也真正讓喝茶變成一門藝術。

農業及種植業——神農大帝，神農氏製作農具，教民耕種。

裝潢建築業——魯班祖師跟他的徒弟荷葉仙師。

冶煉鑄造業——一說是太上老君，因為傳說太上老君鑄造了八卦爐煉丹；另一個說法是爐公仙師，因為女媧補天時，令爐公仙師研究冶煉之法。

影視娛樂業——田都元帥，是南北管祖師、宋江陣的守護神，台灣也有些地方劇團，是奉西秦王爺為祖師。

交通運輸業——關公及三太子哪吒。

理髮業——呂洞賓，因為呂洞賓用飛刀變剃刀的法術，剃光了他座下戲弄剃頭師傅的柳仙，所以被理髮業尊為祖師業。

美容業——清代戲曲家李漁，又稱李十郎，善於指導戲子表演以及化妝打扮，所以被後來的美容美姿業尊為祖師。

家宅平安方有財

在台南比較沒有財神廟，因為當地鄉親相信，土地公就是財神。家宅若不寧，影響了人的心神氣運，當然便跟財運無緣。所以要發財，除了拜財神，也要拜土地公。

敬拜土地公，可以到住家、公司、或工廠附近的土地公廟，也可以在家中祭拜。一般商家工廠等，多在農曆每月的初二跟十六午後祭拜，民家則是初一十五。祭拜土地公重的是心意，不一定要準備很豐盛的貢品，但一般會準備三牲，尤其三牲中的雞會準備公雞，希望土地公保祐「一鳴驚人」；也有講究些的，魚會用鯉魚，因為有「利」有「餘」；另外是水果，大多會有橘子跟鳳梨，因為「有吉」、「旺來」。

有此一說，因為土地公年紀大了，沒有牙齒，所以祭拜土地公

圖1

圖3

圖2

圖1 拜乖乖，希望生財機具要乖乖，順利平安來發財
圖2 全台聞名的紫南宮，敬奉的就是土地公
圖3 無處不在的土地公廟，庇佑平安

要準備一些比較軟的食品，像發粿、麻糬等；三杯茶水、三杯酒是必要的。至於金紙，要準備給四方神明的壽金，以及給地基主、有應公等神靈的刈金。北部這邊還會準備福金，就是土地公金燒給土地公，中南部一般就只用壽金而已。

除了求家宅平安，生財器具也是要保祐的。所以很多商家廠家在拜土地公時，也會把香放在各機械或工具上，希望土地公保祐這些器具運作順利。近年來流行在電腦或影印機前放乖乖當成貢品，希望這些東西「乖乖」，不要故障，慢慢也變成習俗。

地基主的敬拜

除了土地公，自己家中或公司工廠所在地的地基主，也是保祐平安、事業順利的神靈。所謂「地基主」，是指房屋或土地的先住者或者地主，類似土地公；但土地公管轄範圍比較大，而地基主僅限一家一宅而已。

一般祭拜地基主的時間，與土地公相同，初一十五、或者初二十六，可在拜完土地公後另行祭拜。另外在搬家、或者家中要安神位時，以及重要節日例如元宵、中元、端午、重陽、過年等，也要慎重祭祀，以免家中受煞氣或不祥之靈侵擾。

祭拜地基主是比較特別的，祭拜時間最好是下午五點到七點左右，貢桌也不要太高，因為傳說中地基主個子不高。其實祭拜完土地公後的貢品，再拿來再祭拜地基主就可以。由於地基主是跟我們生活在一起的，所以祭品中要有飯菜、水果、茶酒三杯；呼請時不可稱地基主，要稱呼地靈公、地靈婆，碗筷擺兩副；祭拜後再燒刈金、銀紙、經衣等。

如何招財改窮運？

除了祭拜財神、祖師、土地公、及地基主，全方位地拜求財氣之外，在此也特別介紹一些招財運、改窮運的做法。至於靈不靈驗，在覺得自己運勢不濟時，不妨試看看，或許會帶來一些幫助。

以下是石碇仙石府劉海蟾師廟提供的一些方法，給讀者參考：

新年開運送窮迎富：買一條新的手帕或小毛巾，在四角用黑筆寫下「吉」字，中間寫自己名字，以及「大吉大利，心想事成」；再拿一條自己平常用的舊手帕或舊毛巾，在四角寫下「除」字，在中間寫自己姓名，以及「歲歲年年，厄運盡除」；在農曆正月初一子時，面向西方，加入七粒米跟一些鹽。將兩條手帕或小毛巾火化，可以開運引富。

五色石轉運法：到河邊或溪邊找五顆圓滑沒有稜角的石頭，大小不拘，清洗乾淨後，分別漆上白、黃、金、綠、橙等五個顏色，裝在一個容器裡，什麼容器都沒關係，只要水能蓋過石頭就可以；

天送財貴，是多數老百姓的心願

元寶吉祥物

然後將它放在床頭，在睡前用床頭燈一類的小燈照水面，早上起床把燈關掉；每五天換一次水，連續四次，就能祛除霉氣，引來財氣。

三三三祛霉運法：拿三十三顆糯米，再拿自己三根頭髮跟糯米放在一個紅包袋中，因為「三三三」象徵「散散散」，然後把紅包袋放在離家最近的十字路口，讓人車輾壓過，霉運就會被壓棄。

九九大吉引財法：在農民曆上挑一個諸事皆宜的吉日，在大門內左上方掛一個紅布包，裝進九十九個硬幣，一元、五元、十元、五十元的都可以，取其長長「久久」、見「紅」大吉之意，如此居家可以財源滾滾，事事順利。

聚寶盆引財法：在紅紙上寫下「聚寶盆」三個字，然後把紅紙放進大碗公中，再把碗公放到家中隱密的角落；每天下班回家後把身上零錢放進碗中，持續三個禮拜，然後把這些零錢拿到銀行換新鈔。常常如此，可以引進源源不絕的財氣。

佛光招財法：用一枝新的毛筆，在紙上寫下「佛光招財」四個字，連續五天，然後把這五張紙供奉在祖先牌位前神桌上；再過五天後，把這五張紙拿去家中附近十字路口燒化，燒的時候要唸出自己的姓名跟地址，這樣會獲得意外之財。得到這樣的偏財後，一

聚寶盆引財法

紅包跟硬幣，可以改運引財

定要時時告誡自己，多行善事。

送窮開運法之一：把自己三根頭髮及三片剪下的指甲，放在紅包袋中，置於枕頭下睡一晚上；隔天中午十二點整，把紅包埋在土裡，用腳踩三下，霉氣就會離你而去。

送窮開運法之二：選一個特別的日子，就是自己的生日、除夕，以及春分、夏至、立秋、立冬、冬至等二十四節氣的子時（深夜十一點～隔天的一點，的兩個小時），取一個煮熟的雞蛋，拿在手上不要讓別人看到；在手上放一點硃砂，滴進九十九滴米酒，將硃砂和勻，把硃砂塗抹在蛋殼上；找一個露天的地方把蛋吃掉，留下蛋殼，朝家中相反方向（大門的反方向）走一百步，把蛋殼高高拋掉。這樣就可以把窮運、霉運，統統拋開，煙消雲散。

送窮開運法之三：準備帶殼的龍眼乾三顆、花生三顆、紅包袋一個，在中午十二點前吃掉龍眼乾跟花生，把殼跟龍眼籽放進紅包袋裡面，在紅包袋的左下角，寫下自己的名字很願望，然後把這個紅包袋藏進衣櫃裡面隱密的地方，不要移動，一個月後，願望有希望實現。

送窮開運法之四：買來新的筆墨紙硯等文房四寶，用新開的高粱酒磨墨，在紅紙寫上「天天人來風也來，招財進寶」，背面寫上自己的名字，連續寫七天，再將這七張紙一起火化，會引進旺旺的財氣。

送窮開運法之五：找一個桃枝，切成七小段，每段大約是火柴棒的長度，用五色線（黑白紅黃綠）綁在一起隨身攜帶，這樣可以聚財氣，也可以泡在水裡面洗澡，可以避免一些好奇、或懷有惡意的靈界朋友接近。

桃枝裁切後用五色線綁起來，可以避煞聚財氣

送窮開運法之六：先將冷水倒進碗公中，然後調入滾水，調成四十度左右的溫水，在水中加入白米七粒、榕樹葉子七片、跟一小匙的鹽巴；攪拌均勻後，把水灑在家中每一面牆壁上，剩下來的水則帶到屋外倒掉；但出門以後如果有朋友或熟人喊你名字，千萬不要回應或回頭去看，這樣可以把屋子裡面的霉運跟窮氣驅逐出去，讓家裡面每一個人都能神清氣爽，事事順利。

麻將勝利法：打麻將時戴帽子，帽子裡面放一張用硃砂寫下自己姓名的白紙；其他三位牌友的姓名，也用硃砂寫在白紙上，放進自己左腳鞋子的鞋底踩着，不能讓對方知道。據說此法十賭九贏，但建議偶爾為之，不要常用。

這些吉祥物最聚財！

在民間有很多據說可以開運招財的吉祥物，可擺放在家裡或辦公室裡，或者佩戴在身上、掛在車子裡面，以求趨吉避凶，祈求諸事順利，生意大發。

一般來說，擺放在家中的吉祥物，要放在家中財位，而財位所在，則因每人生辰及建物風水方位而有不同，這個最好由專家評估，不要自己臆測。

龍：神龍是華夏文化中最重要的象徵，能佈雨、能保祐海象平和，也是帝王的象徵。戴龍形配飾或擺放龍的塑像，則可以鎮宅避煞、招祥納福、聚集財氣。

麒麟：麒麟向來代表祥瑞，也是象徵送子的神獸，家中擺放麒麟，也能化解煞氣、帶來瑞氣，並可以求子招安。

蝙蝠：蝙蝠的「蝠」字，是「福」的諧音字，自古以來就是代表福氣，所以一些古董傢具或餐具上，多有蝙蝠圖案，象徵福氣及吉祥。有祥福才有財氣，所以有一些比較講究的朋友，會專門挑選有蝙蝠圖樣的瓷器餐具，象徵「吃福補福」。

鯉魚：鯉與「利」及「李」是諧音字，有「鯉躍龍門即成龍」的傳說，加上唐朝國姓為李，所以鯉魚向來被認為有帝王之氣，可以帶來財運。

開工廠的老闆，多有在吉位設立水池，裝上能讓水流動的過濾器來養殖錦鯉，象徵利如活水，滾滾而來。一般家中沒有這麼大的空間設立水池養錦鯉，但也可以在財位或吉位養金魚取代，同樣能帶來財運。

貔貅：貔貅是天庭巡察官王天君所統領的神獸，性情兇猛，但又喜歡咬錢，只進不出，除了鎮宅擋煞外，也能驅邪招財。

如果要在家中擺放貔貅，一般是擺在客廳來驅除邪氣，讓運勢變好。貔貅一般不擺在臥室，因為貔貅脾氣不好，會影響夫妻和諧。在辦公室中，貔貅可以擺在辦公桌上，頭朝門口，不要朝著自己，也不能對著廁所，以免招來穢氣。

咬錢金蟾：三足金蟾是偏財神「劉海蟾祖師」的坐騎，喜歡金銀財寶又

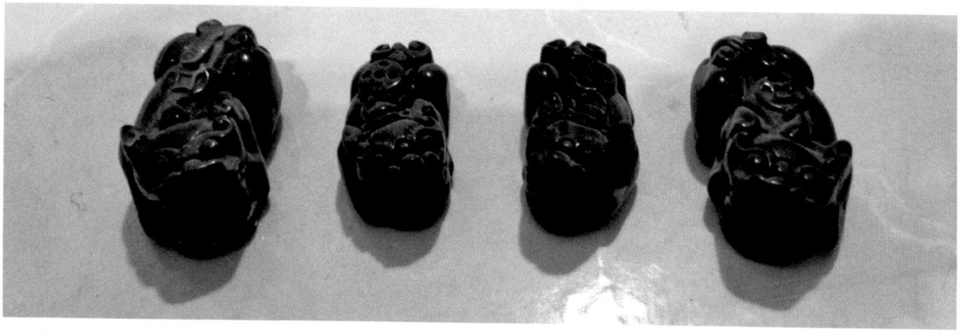

發財吉祥好物，貓眼石貔貅

貪財，所以跟貔貅一樣，是台灣民間很受歡迎的進財神獸。

一般不會佩戴咬錢金蟾蜍的飾品，多半擺設家中。擺放的方式也是眾說紛紜，有人認為白天要把金蟾的頭向外，把錢咬回來，晚上或關店後把蟾蜍的頭向內，把錢吐出來！另外有人認為，要一直把金蟾的頭向內，不然金蟾把錢都吐在外面了，自己的錢都沒有了！種種看法，見仁見智，讀者不妨都試試，選擇自己喜歡的方式來擺設。

貓：台灣俗話說：「狗來旺，貓來富。」只是台灣有十八王公廟裏的忠犬王公，卻沒有自己的財神貓，一般多是擺放日本傳來的招財貓。普遍的說法是，舉左手的貓是公貓，適合放在家裡，左手招財；舉右手的貓是母貓，適合放在店裡，右手招客；如果要加強運勢，可以找一隻舉起兩手的招財貓，招來幸福，招來客人，招來財富。

蘿蔔：蘿蔔台語稱「菜頭」，與「彩頭」諧音，所以祈求好運，要擺設好菜頭。在彩券行裡最常見的就是菜頭擺件，希望來買彩券的客人能有好彩頭、中大獎。一般以業務性質為主的行業，如仲介業，也多擺設菜頭，祈求業務大發。

鳳梨：鳳梨的台語，接近「旺來」的發音，所以跟菜頭一樣，也是台灣民間很受歡迎的吉祥物。近年來則更流行金色的鳳梨，在台語

咬錢金蟾

金色招財貓，福到億萬兩

的發音是「金旺來」，象徵真正好運旺旺來。

橘子與金桔：橘子與金桔，都代表「吉」利，「金」黃的顏色，更代表能帶來喜氣跟財氣，大吉大利，財運不斷。

萬年青：外形類似竹子，只要一些水就能成長，萬年長青，節節高升，所以又叫「開運竹」，也是開運招財求官祿的擺飾。

帆船：帆船是古代海上貿易的工具，是賺錢的器物，也是財富的代表，象徵「一帆風順」，也象徵「大船入港載財來。」所以船頭要向屋內，船尾向門或窗口，可以帶來好運，載來財氣。

棺材：諧音「官」與「財」，也是吉祥的器物，象徵陞官發財的好運道。一般多為小吊飾或桌案上擺件，希望能帶來官運跟財運。

元寶：元寶是古代通貨的一種，價值高於銅錢及銀錠，所以也是財富的象徵。現今象徵吉利的元寶，通常以黃銅或白銅鑄造，象徵金錠銀錠，一般用膠黏合在收銀機上，代表「金來銀來財寶來。」有時商家也使用塑料或陶瓷製作的大型擺設，給自己及客人帶來財富。

馬桶：這樣的招財飾品在香港比較多見，吊飾不少，號稱「黃金入桶」、「吊大財」等。

發財馬桶吊飾

發財吉祥好物，金元寶

日日見財！
全台33家超人氣必拜財神廟開運指南

作　　者／日日見財編輯室
美術編輯／申朗創意
企畫選書人／蘇士尹

總 編 輯／賈俊國
副總編輯／蘇士尹
行銷企畫／張莉榮・廖可筠

發 行 人／何飛鵬
出　　版／布克文化出版事業部
台北市中山區民生東路二段141號8樓
電話：（02）2500-7008　傳真：（02）2502-7676
Email：sbooker.service@cite.com.tw
發　　行／英屬蓋曼群島商家庭傳媒股份有限公司城邦分公司
台北市中山區民生東路二段141號2樓
書虫客服服務專線：(02)2500-7718；2500-7719
24小時傳真專線：(02)2500-1990；2500-1991
劃撥帳號：19863813；戶名：書虫股份有限公司
讀者服務信箱：service@readingclub.com.tw
香港發行所／城邦（香港）出版集團有限公司
香港灣仔駱克道193號東超商業中心1樓
電話：+852-2508-6231　傳真：+852-2578-9337
Email：hkcite@biznetvigator.com
馬新發行所／城邦（馬新）出版集團 Cit'sé (M) Sdn. Bhd.
41, Jalan Radin Anum, Bandar Baru Sri Petaling,
57000 Kuala Lumpur, Malaysia
電話：+603-9057-8822　傳真：+603- 9057-6622
Email：cite@cite.com.my
印　　刷／韋懋實業有限公司
初　　版／2016年（民105）2月
售　　價／NT$380元

©本著作之全球中文版（含繁體及簡體版）為布克文化版權所有・翻印必究

城邦讀書花園　布克文化
www.cite.com.tw　WWW.SBOOKER.COM.TW